本书得到湖北产业政策与管理研究中心开发基金资助

中部地区与浙江农村城镇化动力机制比较

——以湖北为例

熊吉峰 著

Zhongbu Diqu Yu Zhejiang Nongcun
Chengzhenhua Dongli Jizhi Bijiao

中国社会科学出版社
CHINA SOCIAL SCIENCES PRESS

图书在版编目（CIP）数据

中部地区与浙江农村城镇化动力机制比较：以湖北为例/熊吉峰著．—北京：中国社会科学出版社，2007.12
ISBN 978-7-5004-6593-5

Ⅰ．中…　Ⅱ．熊…　Ⅲ．农村—城市化—研究—湖北省
Ⅳ．F299.276.3

中国版本图书馆 CIP 数据核字（2007）第 189946 号

责任编辑　田　文
责任校对　李　莉
封面设计　久品轩
版式设计　李　建

出版发行　中国社会科学出版社
社　　址　北京鼓楼西大街甲 158 号　　邮　编　100720
电　　话　010—84029450（邮购）
网　　址　http://www.csspw.cn
经　　销　新华书店
印　　刷　北京新魏印刷厂　　　　装　订　丰华装订厂
版　　次　2007 年 12 月第 1 版　　印　次　2007 年 12 月第 1 次印刷
开　　本　880×1230　1/32
印　　张　6.625　　　　　　　　插　页　2
字　　数　160 千字
定　　价　18.00 元

摘　要

改革开放二十多年来，浙江农村城镇化发展取得了令人瞩目的业绩，而包括湖北在内的广大中部地区农村城镇化进程则相对滞后。迄今为止我国学术界缺乏对浙江城镇化动力机制的全面研究，更缺乏从中部的视角进行系统的比较研究。本书运用新制度经济学、博弈论、社会学、统计学、计量经济学等较为成熟的理论与方法，以湖北为例，对改革开放以来中部与浙江农村城镇化动力机制的成功经验和典型事例进行比较研究；分析了当前湖北农村城镇化中所面临的制度性、资源性障碍；最后总结了一些可资借鉴的经验与教训，并对湖北农村城镇化赶超浙江的前途与路径进行了展望。

第一章介绍了比较研究湖北与浙江农村城镇化及其动力机制的意义，综述了近年来我国学者对农村城镇化的不同侧面所进行的研究，最后阐述了课题研究的依据与方法，提出本书研究的技术思路与框架流程。

第二章验证了农村城镇化与人均 GDP 变化之间的因果关系，构建了农村城镇化动力机制指标体系，并用主成分分析方法对浙江、湖北两省农村城镇化动力机制进行了排序与聚类分析，最后归纳了增强农村城镇化动力机制的一些普遍规律。

第三章检验了我国经济增长与初始动力因子之间的关系，对湖北与浙江农村城镇化初始动力因子差距进行了一般性描述，分析了湖北与浙江农村城镇化初始动力因子差距形成的机理，最后提出了增强湖北农村城镇化初始动力机制的对策。

第四章对影响农村城镇化根本动力的因子进行了排序，并从中总结了一些一般性规律，研究了浙江农村城镇化根本动力因子的特点，并用案例分析的方法研究了浙江农村城镇化几个典型模式，指出民营经济是浙江农村城镇化根本动力机制发展较快的关键，找出了湖北农村城镇化根本动力机制较弱的原因，最后提出了一些对策建议。

第五章对我国农村城镇化后续动力机制进行了一般性描述，将根本动力因子与后续动力因子对农村城镇化的贡献进行了比较，并分析了后续动力因子对农村城镇化的作用机理，找出了湖北与浙江在农村城镇化后续动力机制方面的差距，最后提出了提升湖北农村城镇化后续动力机制的对策。

第六章研究了"浙江精神"在农村城镇化中的重要作用，指出"浙江精神"孕育了浙江城镇化的根本要素，分析了湖北与浙江文化差距对农村城镇化的影响，最后提出了增强湖北居民创业意识的建议。

第七章运用扩散理论、模仿创新理论、后发优势理论以及协同进化理论分析了湖北农村城镇化赶超浙江的可能性，研究了湖北农村城镇化动力机制赶超浙江的实现条件与应然起点，最后，利用金字塔模型提出了湖北农村城镇化赶超浙江的战略措施。

Abstract

Since the beginning of reform and opening – up, and with China's economic development, Zhejiang has made great achievements in rural urbanization. However, the level of urbanization is relatively lower in centre – western region including Hubei. And our study is relatively sluggish and passive. By applying the methods of new institutional economics; game thoery; sociological theory; Statistical and econometric approach etc, this paper analyzes systemically Zhejiang's successful experience and the distribution gap between Hubei and Zhejiang, then, we studied the institutional and resouce obstacles. Finally, we sum up some experiences and lessons, and forecast the future of Hubei's urbanization.

The dissertation is composed of 7 chapters. Chapter 1 indicates the significance of the study on the urbanization's engine comparison between Hubei and Zhejiang. Then, we summarize all the studies about urbanization. Finally, we explain the basement and method in the paper, and propose the ways and framework.

Chapter 2 is for the general situation about the gap between the two provinces' urbanization. Firstly, we test the cause and effect between the level of urbanization and per capita GDP, then, we form a system of index of dynamic mechanis. And arrange the county in two provinces based on principal component analysis. At last, we conclude some regular pattern about the improvement of urbanization.

Chapter 3 is about initial dynamic mechanis. Firstly, we describe the gap between Zhejiang and Hubei, then, we analyse the mechanism of the disparity, finally, we propose some countermeasure to improve Hubei's initial dynamic mechanis.

Chapter 4 is concerning about fundamental dynamic mechanis. Firstly, we sort the factors of this dynamic mechanis, and draw some laws from zhejiang's experiences. Then, we analyse zhejiang's typical example case, points out that civilian – run e conomy is theEngine for zhejiang's increasing mechanism of the rise of urbanization. While, we research the causes of the sluggish of Hubei, finally, we propose some suggestions.

Chapter 5 studies the follow – up dynamic mechanis. We describe it at first, then, we comparise it with fundamental dynamic mechanis, at the same time, we study the formal logic, and reseach the gap between Hubei and Zhejiang. Finally, we suggest some ways to raise hubei's follow – up dynamic mechanis.

Chapter 6 studies the significance of zhejiang's spirit, points out that such spirit breed the basic factors of urbanizations, then we analyse the gap between Hubei and Zhejiang, at last, we suggest some ways to raise the pioneering senses of Hubei.

Chapter 7 is about the prospect of Hubei's urbaniztion, we analyse the probobility of the surpass between hubei and zhejiang, then, we study the reality and logic starting points, finally, based on pyramid model we put forward some program for Hubei to catch up with Zhejiang.

目　录

第一章

绪　论

第一节　问题的提出

解决"三农"问题是全面建设小康社会的重中之重，而加快推进农村城镇化，转移农村剩余劳动力和农村人口是破解"三农"问题的重要途径。只有提高农村城镇化水平，提高农业劳动生产率，提高农民的收入水平，才能加快第二、三产业的发展，促进农村的现代化和全国的工业化，从根本上解决城乡二元经济结构问题，加速推进我国的现代化建设。

从我国当前国民经济发展环境看，经过二十多年市场化改革的洗礼，我国已从根本上摆脱了短缺的经济状态，国内市场需求不足已成为制约经济持续快速增长的主要因素。而解决农民生活方式与农村生存环境、增加农民收入等一系列问题，越来越成为扩大国内需求的重要举措。而实施城镇化战略，提高城镇化水平正是解决这些问题的最有效措施。加速城镇化进程，是当今世界经济社会发展走向现代化的普遍规律，是实现我国农村现代化的必然选择。

城镇化的概念，源于国际通用术语 Urbanization，一般译为"城市化"或者"都市化"、"城镇化"。在大多数西方国家，

"Urbanization" 是通过农村人口向城市转移来实现的，因此，我们称西方国家的 "Urbanization" 为城市化。在我国，由于农村人口众多，城市经济发展水平有限，小城镇在 "Urbanization" 过程中起着十分重要的作用。同时，本书的立足点是对区域农村城镇化动力机制进行比较研究，为了强调小城镇的重要性，我们把中国的 "Urbanization" 称为城镇化，因此，本书的城镇化主要是指农村人口向小城镇转移。

城镇化是在社会和经济发展进程中农村人口不断向城镇地区集聚的过程。其实质是，当人类社会进入工业化时代，社会经济发展导致农业活动比重逐渐下降、非农业活动比重上升；与这种经济结构变动相适应，乡村人口比重也逐渐降低，城镇人口比重稳步提高，居民的物质面貌和人们生活方式逐渐向城镇性质转化和强化。

令人欣慰的是，改革开放以来我国农村城镇化建设已经取得了令世人瞩目的成绩，并正以矫健的步伐向前迈进。但取得的成绩中也有隐忧：我国区域城镇化进程存在巨大差距，以浙江为代表的东部地区走在了全国农村城镇化前列，而包括湖北在内的广大中部地区农村城镇化相对滞后。近十多年来，国家统计局一直对全国近两万个乡镇的发展水平、生活环境和发展潜力等进行综合评估。从 2006 年国家统计局公布的全国 "千强镇" 排名看，中部地区已经远远地落后于浙江。如表 1-1 所示。

从表 1-1 可以看出，浙江城镇化发展势头强劲，2006 年与上年相比，浙江进入 "千强镇" 的城镇数量虽然减少了 2 个，但城镇排名位次上升了。2006 年浙江排名最靠前的城镇居第 6 位，而 2005 年排名最靠前的居第 18 位；进入经济前 100 强镇的城镇数量为 20 个，比上年增加 3 个；排名在前 500 名的城镇也比上年增加 18 个。这表明浙江城镇化模式具有很强的生命力。

表 1 - 1　　2005—2006 年中部省份与浙江"千强镇"数量比较

省份	"千强镇"数量		前 100 强镇数量		第 101—500 强镇数量		第 501—1000 强镇数量		最高排名	
	2005	2006	2005	2006	2005	2006	2005	2006	2005	2006
浙江	268	266	17	20	111	126	120	120	18	6
湖北	3	0	0	0	0	0	3	0	980	N. A.
湖南	4	9	0	0	0	5	4	4	939	243
河南	1	9	0	0	0	1	1	8	800	399
江西	1	2	0	0	0	0	1	2	988	856
安徽	8	2	0	0	0	0	8	2	752	564
山西	4	7	0	1	0	0	4	6	617	29

资料来源：国家统计局网站（www. stat. gov. cn）。

从中部地区城镇化发展趋势看，2006 年与上年相比，城镇化建设取得了长足进步。2005 年中部进入"千强镇"行列的城镇数量为 21 个，进入经济前 500 强的城镇数量为 0，排名最靠前的城镇位于第 617 名。但 2006 年这些指标都有较大幅度上升，其中，进入"千强镇"的数量增加为 29 个，进入经济前 500 强镇增加为 7 个，排名最靠前的城镇居第 29 位。其中，尤以湖南、河南发展最快，2005 年二省进入"千强镇"行列的城镇数量分别为 4 个和 1 个，2006 年该指标增加为 9 个和 9 个。这表明中部地区城镇化有迎头赶上的趋势。

　　但中部地区与浙江城镇化进程差距十分明显。2006 年浙江共有 266 个城镇进入全国"千强镇"行列，而中部 6 省进入全国"千强镇"行列的总共 29 个。从"千强镇"所处位次的统计分布看，浙江 266 个"千强镇"中有 146 个居前 500 强，占总数的 55%，而进入经济前 100 强镇的占 20 个，浙江排名最靠前的是萧山区宁围镇排第 6 名。中部进入"千强镇"行列的城镇不仅数量少，排名也靠后，29 个城镇中有 22 个镇处于 500 名以后，整个中部排名最靠前的居第 29 名，中部进入经济前 100 强镇的只有 1 个。特别值得关注的是，中部地区城镇化进程并不稳定，2005 年湖北与安徽进入"千强镇"的数量分别为 3 个和 8 个，但 2006 年这一数据分别降为 0 个和 2 个。而江西、山西则处于徘徊局面。表明中部地区强有力的城镇化增长源泉并未形成。

　　实现中部崛起不仅与中部人民利益息息相关，而且对于我国国民经济整体腾飞也至关重要。早在 20 世纪 80 年代中期，中国发展经济学之父张培刚教授就率先提出了"牛肚子"理论，该理论把中部能否崛起看成是中国经济能否振兴的关键。当前，如何实现中部崛起已经刻不容缓，而推进中部农村城镇化又是中部崛起的一条必经之路。因此，研究中部地区农村城镇化赶超浙江等东部地区具有重要的理论与实践意义。

　　中部地区城镇化之所以落后于浙江，主要表现在改革开放以后浙江等东部地区城镇化步伐较快，而中部地区城镇化步伐相对较慢。表 1-2 比较了湖北与浙江农村城镇化水平的动态变化。从该表可以看到，改革开放以来，湖北农村城镇化也有较大发展，城市化水平也有较大提高，但不容置疑的是，与浙江相比，湖北已经落后了。

表 1－2　　　　　　湖北与浙江农村城镇化率差异变化

	1978	1990	1995	2000	2004	年增长率（%）
浙江	0.145	0.312	0.326	0.487	0.54	0.395
湖北	0.146	0.223	0.262	0.402	0.437	0.291

资料来源：《浙江省统计年鉴》（各年）、《湖北省统计年鉴》（各年）。

改革开放之初，作为老工业基地的湖北与浙江相比，湖北城镇化水平与浙江处于同一地位，但经过20多年的发展，浙江已经远远超过了湖北。特别需要提到的是，在浙江的发展过程中，引进外资的作用并不明显。20多年来，浙江实际利用外资曾一度低于湖北，后期也仅以每年5亿美元左右的额度超出湖北。然而，长期以来湖北固定资产投资中国家预算内投资却大大高于浙江。

改革开放以来，包括湖北在内的广大中部地区同浙江一样，也始终坚持不懈地把推进城镇化作为一项中心任务，为什么反差却如此之大，令人深思。更为重要的是，在当前中部崛起的大背景下，我们认为，作为中国"牛肚子"的中部地区理应在我国区域城镇化中扮演更为重要的角色，当前其城镇化发展与东部沿海省份相比，不足在哪里，差距有多大，以及如何抓住机遇，缩小差距，加快发展，已成为中部各省和社会各界广泛关注的重大问题。为此，本书将以湖北为例，通过深入分析湖北与浙江两省城镇化动力机制差距，对于找到湖北城镇化水平落后原因，乃至中部崛起，都具有重要意义。

第二节　理论述评

学术界对于农村城镇化及其动力机制进行过深入细致的研究，所有这些研究构成了本书研究的理论起点。

一　农村城镇化的意义

辜胜阻、成德宁（1999 年）认为，农村城镇化的发展对打破城乡二元社会经济结构、缩小城乡差别，促进城市化和工业化协调发展，在更大范围内实现土地、劳动力、资金等生产要素的优化配置，有着不可估量的重要意义。具体说来，其一，在新的历史时期，农村城镇化能有效地克服农民收入徘徊和停滞的局面，拉动农村居民的消费需求和投资需求，成为启动中国农村市场乃至整个国内市场，解决需求严重不足问题的"切入点"。其二，农村城镇化为农村剩余劳动力转移提供了广阔的空间，缓解了农村人口压力与土地承载力之间的矛盾，成为吸纳农村剩余劳动力的"蓄水池"。其三，农村城镇化推动着乡村工业的集聚发展和结构升级，成为转变农村经济增长方式、推动乡镇企业向集约化发展的"突破口"。其四，农村城镇化拓展了农业产前产后发展的空间，为孕育和培植大批龙头企业和农副产品交易市场创造了条件，成为农业产业化向深层次发展的载体。其五，农村城镇化打破了原有城乡隔绝的格局，使农民既发生职业转换，也实现地域转移，农村由封闭走向开放，成为转变农民生活方式和观念、激发农民创新精神和冒险精神、塑造一代新农民的"催化剂"。

何训坤（2002 年）研究了农村城镇化对农村工业的推动作用。指出，通过发展农村城镇，促进乡镇企业向农村城镇集中，形成工业小区，连片开发，有利于设施共用、机制共创、市场共育，提高土地、矿产、环保等资源的综合利用，提高企业的规模效益和企业的管理水平，促进乡镇企业上新台阶，推进农村工业化。刘学忠（1999 年）研究了依托小城镇发展乡镇企业的重要意义，指出，第一，依托小城镇发展乡镇企业，可以改善乡镇企业布局，促进乡镇企业向小城镇集中，获得聚集效益。第二，小城镇的发展给乡镇企业及附近的农村提供了商品集散地，乡镇工业原材料及农用物资的供应，工农产品的销售都可以在小城镇完成，减少有形和无形的、内部和外部的交易成本，从而有利于搞活商品流通。第三，乡镇企业的集中，有利于第三产业的发展，除前述供销外，还有利于房地产、科技、教育、文化、娱乐、卫生、金融、邮电、信息、餐饮业等发展。

陈柳钦（2003 年）研究了农村城镇化对于解决农村剩余劳动力的重要意义。指出通过推进农村城镇化发展小城镇是实现农村剩余劳动力转移的根本途径。农业内部的就业压力在不断积蓄，向非农产业转移的内在冲动愈来愈强烈，农村劳动力过多，主要是从事种养两业的劳动力过多。单靠在农业、农村内部转移消化空间有限，靠乡镇工业和劳务输出只能转化一小部分，而中小城市受种种条件的限制，人口和就业压力也非常大。通过农村城镇化、发展小城镇来转化农业剩余劳动力，是一种极为有效的途径。蒲清泉、杨梅枝（2004 年）认为，农民进城、乡镇企业吸纳、流向小城镇和农业产业一体化经营容纳，是农村剩余劳动力转移的四条途径。由于城乡改革的逐步推进，城乡就业难度急剧加大，农民进城受阻，乡镇企业正面临挑战，吸纳农业剩余劳动力的能力减弱。随着农业产业一体化的推进，必将扩大第二、三产业在农村经济中的比重，人口、劳动力自然集中，推动城镇的发展，给农村剩余劳动力带来了巨大的发展空间。

吴志军（2005 年）研究了农村城镇化对于提高农业竞争力的重要意义。指出，其一，城镇化为农业经营规模的扩大创造了条件，促进了农业经营的规模化。其二，城镇化为农产品生产提供导向，拉动农业生产结构调整的高级化。其三，城镇化为农产品提供市场，拉动农业的商品化和市场化。

匡小明（1999 年）研究了农村城镇化对农业产业化的推动作用。指出，农村小城镇是农业产业化的空间载体和依托。农业产业化的核心是工业化。其中，商品化是产业化的动力；支柱产业是产业化的基础；龙头企业是产业化的关键；专业分工是产业化的标志；社会化服务是产业化的保证。工业及其他非农活动区别于农业，首先在于它具有外部聚集效应，需要能源、交通、通信、金融、供水供电、仓储、排污等基础设施和社会服务系统的支持，并要求相对集中、连片发展。因此，小城镇是农业产业化的"摇篮"，农业产业化必须依托于小城镇。

成德宁（2003 年）研究了城镇化促进农业现代化效应。认为，城镇化是促进农业适度规模经营的根本途径。我国农业现代化过程中一个突出的问题是农业经营规模小、效益差。如何改变小规模均田制的格局，实现农村土地的适度规模经营，成为我国农业"第二次飞跃"的一项重要内容。我国农业问题、农村问题、农民问题的解决，需要"反弹琵琶"，在超出农业、农村和农民的范围来思考。也就是说，只有当城镇化得到顺利推进，农村人口转移到城镇非农业部门后，依赖土地为生的人减少了，留在农村中的劳动力才能提高生产效率，才能从专业化、规模经营的生产活动中获得更高的收入，才能实现农业的现代化。

二　农村城镇化的动力机制

辜胜阻、李正友（1998 年）从制度变迁的角度研究了农村城镇化动力机制，指出 20 世纪 50 年代以来，中国的城镇化出现了两种截然不同的制度变迁模式：自上而下的城镇化和自下而上的城镇化。自上而下的城镇化是政府按照城市发展战略和社会经济发展规划，运用计划手段发展若干城市并安排落实城市建设投资的一种政府包办型的强制性制度变迁模式；自下而上的城镇化则是农村社区、乡镇企业、农民家庭或个人等民间力量发动的一种由市场力量诱导的自发型的诱致性制度变迁模式。

吴元波（2003年）认为，农村城镇化过程的主体是城镇的政府、投资者、居民，因而城镇化过程也就表现为主体的行为以及它们行为的总和。各行为主体的总和构成城镇化过程，但各主体的行为又是相关互动的，通过一定的机制而使城镇化过程得以展开。运行机制可分为市场机制和行政机制。市场机制是指主体通过市场，以市场为导向而决定自己的行为，并接受市场的反馈。通过市场机制的行为主要是投资者和城镇居民的行为。行政机制指地方政府以社区代表的身份，依靠法定权力，通过行政命令而采取的行为方式。

褚素萍（2005年）认为，农村城镇化动力机制可分为来自农村内部的内在动力和由于外部环境对农村城镇化所形成的外在动力。内在动力包括：我国农村人地矛盾紧张对农民的推力，城乡差距对农民的外部拉力，农民自身观念转变对农民进城的动力等。而外在动力，即，外部环境——经济物质基础、政策环境、农村工业化、制度的变迁等也是农村城镇化动力机制中不可缺少的组成部分。

孙中和（2001年）认为，改革开放以来，我国城市化的动力因素发生了本质的变化，这一时期我国城市化发展的动力机制，主要体现为四个方面：第一，是农村工业化推动。乡镇企业大多是劳动密集型企业，在促进人口集中方面有着特殊的效果。同时乡镇企业也加速了资本、技术、信息等经济要素向乡镇工业小区区域内的转移。第二，是比较利益驱动。从比较利益驱动的作用机制看，农业人口的非农化过程是在农业的内部推力和非农产业的外部拉力的双重作用下完成的，同时资本、技术等经济要素的转移也存在着同样的趋势。第三，是农业剩余贡献。农业剩余的存在是城镇化推进的必要前提。农业对城镇化的贡献，一是城镇化的推进需要农业为其提供充足的食物和工业生产原料；二是城镇化的推进需要农业为其提供市场；三是城镇化的推进需要农业为其提供生产要素；四是城镇化的推进也需要农业为其提供外汇方面的支持。第四，是制度变迁促进。制度变迁与创新在城镇化过程中具有十分重要的核心地位。这种核心作用主要体现在如下四个方面：一是促进了农业生产效率和农业产出水平的提高；二是促进了国民经济的非农化特别是工业化的发展；三是使农业部门的要素流出推力和非农部门的要素流入拉力形成结合与集聚的合力；四是促进了城镇基础设施及房地产业的开发，从而满足了城镇非农产业和人口不断集聚的需要。

王信东、赵安顺（2000 年）认为，农村城镇化的一般动力机制是在一定的条件下，农村社区的投资环境的改善（人、财、物及自然资源等生产要素价格优势或交易机制的低成本等），引致该社区预期资本利润率水平的提高，从而形成对社区建设项目投资的增加，使社区适应社会的产品和服务供给能力增加，示范作用与规模经济效应推动公众预期进一步上升，投资、生产规模进一步扩大，社区人口迁入增加，社区居民与企业的收入水平、政府的财政收支能力增长，社区用于工业、商贸、居民住宅、公用设施等的支出增加，社区经济得到快速发展，农村城镇化由此形成。

徐军宏、郝婷（2004 年）研究了西部农村城镇化动力机制，认为西部地区农村城市化的动力机制包括以下五个层次：第一层次是非农产业的形成聚集，第二层次是人居环境优越，第三层次是农村工业化进程，第四层次是比较利益驱动，第五层次是政策导向和政府扶持。

一些学者还研究了我国部分地区的农村城镇化动力机制。

周达、沈建芬（2004 年）研究了江苏省 64 县城镇化动力机制，该项研究首先构建了农村城镇化动力机制结构要素指标体系，该指标体系分四个方面：农村城镇化地理环境指标、农村城镇化初始动力指标、农村城镇化根本动力指标、农村城镇化后续动力指标。然后对上述四方面共 16 个指标进行主成分分析方法。发现第一主成分主要反映了各县市第二产业以及乡镇企业的情况，这些都是农村城镇化的根本动力指标，可称之为根本动力因子；第二主成分与各县市的第三产业指标有关，第三产业是农村城镇化的后续动力指标，可称之为后续动力因子；第三主成分主要概括了各县市第一产业的情况，第一产业是农村城镇化的初始动力指标，可称之为初始动力因子；第四、第五主成分都是农村城镇化地理环境方面的指标，可称之为地理环境因子。影响动力结构要素综合水平高低的最关键要素首先是第二产业，然后依次是第三产业、第一产业，最后是环境要素。

傅小锋（2000 年）研究了青藏高原城镇化动力机制，指出青藏高原城镇化动力机制主要有以下几个方面：一是国家投资于资源开发形成新城市。二是沿海内地工厂企业整体搬迁，从而为其周围地区的城镇化起到示范与推动作用。现代工业移入带来的潜移默化的影响和资金、技术、市场储备为高原城镇发展与城镇化进程打下了良好的基础。三是行政机构建立与扩大，大批新建的工矿、农场、学校、医院等单位急需专职管理人员和熟练技工。大量的志愿建设者从全国各地来到高原参加高原经济建设，在当地的城镇化建设中发挥了骨干作用。四是农业剩余劳动力转移与个体经营者的大量涌入。农业剩余劳动力逐步向城镇转移，农村城镇化进程加速。

谭雪兰（2005 年）研究了长春市农村城镇化的动力机制，

指出长春市农村城镇化动力机制主要有以下几个方面：一是中心城市的拉动与支撑，包括中心城市的消费需求拉动与中心城市的要素、产业与功能扩散。二是农村经济增长与结构转型。包括资源深度开发与综合利用、农村非农产业结构体系形成及其空间聚集、农村新兴产业的形成发展。三是土地使用制度改革与剩余劳动力转移。四是城乡一体化进程的推进。

周晓东（2004 年）指出，重庆农村城镇化动力机制表现为以下几个方面：一是突出的城乡二元结构、落后的农村经济、较大的城乡居民收入差距，使城镇表现出巨大的利益吸引拉力。二是工业化仍然是重庆市推进城镇化的根本动力。三是第三产业是城镇化的后续动力。

关于浙江农村城镇化动力机制，学术界作过较为详细的研究。

张仁寿（1999 年）研究了温州农村城镇化道路，指出民营经济奠定了小城镇发展的经济基础；市场导向激活了小城镇发展的内在活力；农民群众构成了小城镇建设的主体力量；社会分工形成了小城镇发展的特色优势。

朱康对（2003 年）从产业群落的角度研究了苍南县龙港镇农村城镇化因素，指出龙港"农民城"是在几个专业化产业群落的交叉地带形成的一个城市节点，在这一独特区位条件下形成的交错产业群落除了具有同类产业集聚的外部经济效应和城市的节点效应外，还具有多种产业交叉所形成的边缘效应。这种边缘效应主要表现在三个方面。首先，交错产业群落具有多产业集聚所带来的区域经济稳定功能。其次，交错产业群落内，由于信息交汇，形成了激发新产业诞生的活化效应。再次，交错产业群落还具有相关产业联动发展的协同效应。正是这种产业群落，使龙港"农民城"的建设成为民间推进型城市化的典型。

黄焕文（2005 年）指出，伴随着温州经济体制和经济结构的转型，温州各地相继出现各具特色的专业市场，逐步形成了以同类产业区域性集聚为特征的"块状经济"格局。使得区域内部产生了相对集中的产业群落或产业集群，以及在产业集群的基础上发展起来的专业型城镇，即专业镇。专业镇是温州城乡经济未来发展的重要空间和增长极，已成为温州地区重要的经济支柱和提高区域竞争力的不竭源泉。它的有效竞争力体现在可以充分发挥因集聚、集中而获得的外部规模经济优势，克服了内部规模经济的不足，既增强了企业的创新能力和竞争能力，又为区域经济发展提供了内在的增长机制。

三 城镇化发展道路

关于我国农村城镇化道路选择，学术界存在较大争议，基本形成以下几派观点：

1. 多元道路论

辜胜阻、李永周（2000 年）认为，大中城市吸纳农民进城能力大大下降、城市下岗职工再就业压力大的局面也迫切需要政府引导农村城镇化。推进我国城镇化，需要坚持以下重要战略方向：一是城市化与农村城镇化同时并举，实行城市化和农村城镇化同时并进的二元城镇化战略。二是政府发动型机制和民间发动型机制同时并举，充分利用政府发动和民间推动这两种机制。三是自上而下与自下而上相结合，各级政府要在充分保护农民投资建城、造城积极性的前提下，自下而上，自上而下，上下结合，加强政府对农村城镇化的指导、引导和合理调控。四是"据点"发展式和"网络"发展式相结合。在"据点"发展式和"网络"发展式这两种方式中，注意城镇化的网络式发展，同时，将一部分建制镇过渡到城市，建立新的城市"据点"。五是内涵的城镇化和外延的城镇化同时并举。

2. 小城镇重点论

陈美球（2003 年）认为，要在 21 世纪初快速推进中国的城镇化，必须充分发挥小城镇的作用。其原因如下：一是城市的基础设施建设的档次较高，且政府仍是基础设施的投资主体，每增加一个城市人口所需的政府公共支出数额较大，在基础设施投融资渠道和管理方式进行根本性变革之前，城市政府的财力无法支撑在高水平基础设施投入下的大量新增的低水平的农村就业人口。二是由于现有城市的人均公共福利水平较高，外来人口的大量涌入，必然会分摊这些公共福利支出，在政府投入没有明显增长时，城市居民所实际享受的公共福利水准的下降，必然会引起居民对新增外来人口的排斥。三是绝大部分农民对于现代的城市文明还要有一个适应过程。大量的外来农村人口进入城市，由于文明素质的差距，必然会对城市的环境、卫生和社会治安等带来较大的冲击。因此，小城镇发展道路是我国城镇化进程中必不可少的一个重要途径。

3. 城市化论

廖丹清（2001 年）认为，不能夸大小城镇的作用，甚至把它提升到包含全部城市化的内容，把"城市化"等同只发展小城镇，其后果，有可能造成盲目地、不加选择地发展小城镇，使有限的城市化资源平均分布在现有的几万个小城镇点上，使城市规模净收益下降，城市外部成本上升，不仅不会加速城市化的进程，而且会极大地延缓城市化的进程。

秦尊文（2001 年）认为，小城镇道路是在不触动城乡二元结构前提下的"不得已而为之"，在计划经济体制下，如果这样的决策算一个次优决策，那么，在社会主义市场经济体制下，它已是下策了。总之，小城镇的发展并非必然，而是人为地阻碍城市化进程的结果，是政策"控制"城市发展之后的一种补偿和替代。从根本上说，小城镇道路是市场对资源配置扭曲的表现。大中城市是我国城市化起飞的翅膀。我们要解放思想，只要环境承载能力允许，只要经济社会发展需要，就要放手让大中城市健康发展。

肖万春（2003年）主张小城镇发展应依托城市发展。认为小城镇是城乡网络的结点，表现为发源于城市一端的扩散和落实于农村一端的聚集。小城镇的发展质量既取决于农村的聚集过程，也取决于中心城市的扩散过程。因此，小城镇的发展绝不能忽视已有中心城市的建设。中心城市的建设首先应充分利用中等以上城市的吸纳能力，通过内涵挖潜和外延扩张相结合的方法，进一步壮大自身实力，合理扩大特大城市和大中城市规模，提高其对腹地农村地区的吸引与辐射能力，实现中心城市与腹地小城市和中心城镇及广大农村地区的共兴共荣。中心城市与小城镇协调发展的关键：一是要避免结构趋同与重复建设，应突出特色，合理分工，形成优化的城镇等级体系与职能体系；二是要注意建设中心城市与小城镇之间的联系通道，以充分发挥中心城市对小城镇的辐射带动作用以及小城镇对中心城市的支持作用。

4. 非均衡城镇化论

这种观点以增长极理论为指导，认为农村城镇化应实现小城镇非均衡发展战略，重点择优发展中心城镇。一般应选择在县区域内的两三个有优势的城镇，通过优势城镇的选择带动农村城镇的发展和培育区域增长极。

值得注意的是，非均衡城镇化论已经成为当前城镇化道路的主流，并为政府部门所采纳，"撒胡椒面"似的全面发展小城镇的道路已经被扬弃。大部分地区相继撤销了一些发展前途不被看好、聚集能力较差的乡镇。例如，为了集中力量发展重点小城镇，从 1999 年底到 2001 年上半年，湖北省共撤销了 25% 的乡镇建制，并在保留的 745 个建制镇中确定了 200 个重点小城镇，平均每个县（市、区）不到 2 个（包括县城）。

以上的研究分别从不同角度论述了城镇化及其动力机制问题，对于解决当前的"三农"问题具有较强的理论与实践意义。但笔者认为，学术界对于目前城镇化动力机制最为强劲的浙江经验缺乏系统的研究与整理，而从中部（比如湖北）的视角，并对其与浙江进行全方位的比较研究文献资料则更为少见。本研究将试图在这一方面进行一些尝试，并立足于湖北，提出一些政策建议。

第三节　研究思路、研究方法与研究框架

一　研究思路

本研究运用新制度经济学、博弈论、社会学、统计学等较为成熟的理论与方法，对改革开放以来，湖北与浙江农村城镇化动力机制的成功经验和典型事例进行了比较研究；分析了当前湖北农村城镇化中所面临的制度性、资源性障碍与约束；总结了一些可资借鉴的经验与教训，并提出了一些政策性建议；最后对湖北农村城镇化赶超浙江的前途与路径进行了前瞻性研究。

二　研究方法

1. 比较分析法

比较分析法是将两种或几种可比事例进行分析对比，从中找出异同点，并分析产生异同点的原因的一种分析法。本研究在湖北与浙江之间进行了对比，以期从中得到一些启示。

2. 规范分析与实证分析相结合的方法

农村城镇化与制度安排、资源条件、价值判断等密切相关，

因此，规范分析是研究农村城镇化必不可少的方法。但在提出一项政策主张和改革思路时，也需要大量的数据和案例加以佐证，西方学者就广泛使用实证分析的方法。但我国正处于计划经济向市场经济转轨时期，各经济变量之间的因果关系既不明晰也不稳定，加之统计工作长期得不到应有重视并受到人为干扰，其真实性受到损害。因而，本书在运用实证分析法时，除利用有限的统计资料外，主要运用大量实际存在的事实，其可信度有待于以后的实践来验证。另外，本书所涉及的统计数据与案例主要来源于政府公布的资料以及笔者实地调查。

3. 博弈论分析法

农村城镇化主体在经济活动中，经常要与其他行为主体进行利益权衡与选择，这比较符合博弈论的有关规则，所以，本书运用博弈论分析法，清楚地发现城镇化主体与其他主体的行为关系和规律。

4. 历史分析法

历史分析法是《资本论》的一大研究特色，马克思的很多结论都依赖于对大量的历史资料的科学分析，在数量分析法成为经济学主流分析法并取得辉煌成就的今天，其仍然有不可替代的作用。本书对湖北与浙江两省农村城镇化过程都进行了回顾与展望。

三 研究框架

本书包括绪论和六章，现分述如下：

第一章，首先介绍了比较研究湖北与浙江农村城镇化及其动力机制的意义，其次综述了近年来我国学者对农村城镇化的不同侧面所进行的研究，最后阐述了本书研究的依据与方法，提出本书研究的技术思路与框架流程。

第二章，验证了农村城镇化与人均 GDP 变化之间的因果关系，构建了农村城镇化动力机制指标体系，并运用主成分分析方法对浙江、湖北两省城镇化动力机制进行了排序与聚类分析，最后归纳了增强农村城镇化动力机制的一些规律。

第三章，检验了我国经济增长与初始动力因子关系，对湖北与浙江农村城镇化初始动力因子差距进行了一般性描述，然后分析了湖北与浙江农村城镇化初始动力因子差距形成的机理，最后提出了增强湖北农村城镇化初始动力机制的对策。

第四章，对影响农村城镇化根本动力的因子进行了排序，并从中总结了一些一般性规律，研究了浙江农村城镇化根本动力因子的特点，并用案例分析的方法研究了浙江农村城镇化几个典型模式，指出民营经济是浙江农村城镇化根本动力机制的关键，找出了湖北农村城镇化根本动力机制较弱的原因，最后提出了一些对策建议。

第五章，对我国农村城镇化后续动力机制进行了一般性描述，将根本动力因子与后续动力因子对农村城镇化的贡献进行了比较，并分析了后续动力因子对农村城镇化的作用机理，找出了湖北与浙江在农村城镇化后续动力机制方面的差距，最后提出了提升湖北农村城镇化后续动力机制的对策。

第六章，研究了"浙江精神"在农村城镇化中的重要作用，指出"浙江精神"孕育了浙江城镇化的根本要素，分析了湖北与浙江文化差距对农村城镇化的影响，最后提出了增强湖北居民创业意识的建议。

第七章，运用扩散理论、模仿创新理论、后发优势理论、协同进化理论分析了湖北农村城镇化赶超浙江的可能性，研究了湖北农村城镇化动力机制赶超浙江的实现条件与应然起点，最后，利用金字塔模型提出了湖北农村城镇化赶超浙江的战略措施。

第四节　创新与不足

一　可能的创新点

第一，首次系统构建了湖北农村城镇化赶超浙江的理论基础，对湖北乃至整个中部地区都有较强的理论与实践意义。虽然浙江在农村城镇化方面已经取得了举世公认的业绩，但迄今为止我国学术界尚未有人对其城镇化动力机制进行全方位整理，更缺乏从中部的视角进行较为系统的比较研究。

第二，运用计量经济学的方法对于城镇化与经济增长之间的相互关系重新进行了实证检验，对当前的一些模糊认识进行了厘定。

第三，提出了湖北农村城镇化赶超浙江的金字塔模型，并对促进湖北农村城镇化快速发展的政策措施进行了时序设计。在上述研究的基础上，针对湖北农村城镇化的特征，构筑了湖北农村城镇化跨越式发展的金字塔模型，并在总结归纳"一揽子"政策措施的基础上，对湖北农村城镇化进程进行了展望。

二　研究的局限

本书研究的局限性主要来自于数据方面，本书的数据主要来自于《中国统计年鉴》、《浙江省统计年鉴》与《湖北省统计年鉴》，而直接到两省的城镇进行田野调查的数据相对较少。浙江是我国农村城镇化改革的典范与"经济实验室"，没能在那个火热的地方进行深度的调查与访谈，不能不说是本书的一个很大的缺憾。笔者希望本书的研究能起到抛砖引玉的作用，并期待后来者能在此基础上作出更有影响的研究。

第 二 章

湖北与浙江农村城镇化现状比较

从一般的意义上讲，农村城镇化是人口结构的分化，是一个从事非农业的人口逐渐增多、乡村人口逐渐向城镇集中的过程。从经济内涵看，它是农业劳动生产率提高、剩余劳动力从农业向非农业部门逐步转移的过程，亦即国民经济的结构演进和升级的过程。从连续的动态过程看，它既是城镇内部功能完善，城镇文明向周边推进和普及，城乡一体化和共同进步的过程，同时又是人们的生活方式由农村方式向城市方式转变的过程。从社会结构的角度看，城镇化是传统落后的乡村社会逐渐被现代文明的城镇社会所替代的过程，它促进人们思想观念的现代化、文化水平和总体素质的提高，并最终实现人的自由个性与全面发展。

所谓农村城镇化的动力机制，是指农村城镇化所必需的动力的产生机理，以及维持和改善这种动力产生的各种经济、制度等所构成的复杂的自然和社会因素的综合系统。从系统动力学角度看，农村城镇化动力机制决定着农村城镇化的道路选择和发展对策选择。改革开放以来，随着市场经济的发展，我国城镇化的动力机制也发生了很大转变。转轨时期我国城镇化发展演变出了一些新的动力，由过去政府单一推动城镇化向民营经济、地方社区政府、外资等多种力量共同推动城镇化发展方向转变。但我们也不能不看到，我国城镇化水平存在较为明显的差异，究其原因，在于城镇化动力机制方面的差距，包括湖北在内的广大中西部地区城镇化动力机制显著落后于包括浙江在内的东部省份。比较研究湖北与浙江的城镇化动力机制，有利于总结历史经验教训，从理论和实践两方面更进一步推进我国农村城镇化进程。

第一节 农村城镇化与 GDP 关系的实证检验

大量的研究表明，城镇化与人均 GDP 之间存在较强的正相关关系，从城镇化进程与经济发展水平看，城镇化水平与经济发展水平具有高度的相关性。我们利用 1978—2004 年中有关数据（见表 2−1），对我国城镇人口占总人口的比重和人均 GDP 进行回归分析，结果表明两者呈对数线性关系：

城镇化率 = − 65.371 + 14.440LN 人均 GDP R^2 = 0.93612

表 2−1 人均 GDP 与城镇化率

年份	人均 GDP（元）	城镇化率（%）	年份	人均 GDP（元）	城镇化率（%）
1978	376.4947	17.92	1992	646.7056	27.63
1979	384.7547	18.96	1993	732.4107	28.14
1980	394.5998	19.39	1994	868.4005	28.62
1981	398.191	20.16	1995	972.525	29.04
1982	391.2421	21.13	1996	1019.401	29.37
1983	390.2205	21.62	1997	1017.457	29.92
1984	404.0198	23.01	1998	983.9285	30.40
1985	438.7073	23.71	1999	954.1428	30.90
1986	451.8318	24.52	2000	955.8619	36.22
1987	466.936	25.32	2001	960.459	37.66
1988	515.4019	25.81	2002	952.2946	39.09
1989	552.4504	26.21	2003	964.8912	40.53
1990	575.487	26.41	2004	1021.431	41.76
1991	606.3261	26.37			

注：国内生产总值是按国内生产总值指数（1978 = 100）平减后得到的数值。

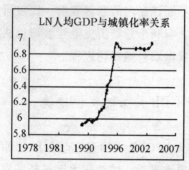
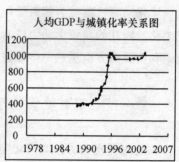

图 2 - 1　人均 GDP 与城镇化率关系、LN 人均 GDP 与城镇化率关系对比

从线性回归方程以及图 2 - 1 可以清楚地看到，人均 GDP 与城镇人口占总人口的比重两变量之间存在较为显著的正相关关系，但城镇化率与人均 GDP 两变量之间到底何者起更为重要的影响作用，还需要作进一步的研究。以下用一些计量经济学方法对两变量进行检验。

一　建模方法简介

经济学中一个常见的问题是确定一个变量的变化是否为另一个变量变化的原因。例如，是农村城镇化的变化引起人均 GDP 的变化，还是人均 GDP 与农村城镇化都是由内因决定的？回答这类问题的一种方法是 Granger 因果关系检验法。

因为随机游走不具有有限方差，所以高斯—马尔科夫定理不再成立，用普通最小二乘法（OLS）得到的参数估计不再是一致的。为了避免出现伪回归的现象，进行 Granger 因果关系检验之前，必须进行单位根检验，检查随机变量是否是平稳的。如果是平稳的，则可以进行因果检验；如果是非平稳的，则进行差分，直至平稳为止。因此，在进行 Granger 因果检验之前，必须进行单位根检验。

1. 单位根检验

平稳序列围绕一个均值波动，并有向其靠拢的趋势，而非平稳过程则不具有这个性质。若序列是平稳的，则表示为 I（0），若差分一次后是平稳的，则称为单位根过程，表示为 I（1）。检验序列是否是平稳的过程称为单位根检验。最常用的单位根检验是 ADF 检验，其方程是：

$$\Delta Y_t = \rho Y_{t-1} + \sum_{i=1}^{k} \gamma_t Y_{t-i} + V_t \qquad (2.1)$$

若假设检验 $\rho = 0$，则 Y_t 非平稳；若 $\rho < 0$，则 Y_t 平稳。

2. Granger 因果检验

设两个平稳时间序列 $\{X_t\}$ 和 $\{Y_t\}$，建立 Y_t 关于 Y 和 X 的滞后模型：

$$Y_t = \sum_{i=1}^{n} a_i Y_{t-i} + \sum_{i=1}^{k} \beta_i X_{t-i} + \varepsilon_t \qquad (2.2)$$

其中滞后期 n 的选择是任意的，检验 X 的变化不是 Y 变化的原因相当于对统计原假设 $H_0: \beta_1 = \beta_2 \cdots = \beta_n$ 进行 F 检验。RSS_1 表示方程（2.2）的回归残差平方和，RSS_0 表示方程（2.2）在原假设成立时的回归残差平方和，统计检验值：

$$F = \frac{(RSS_0 - RSS_1)/n}{RSS_1/(N - 2n - 1)} \qquad (2.3)$$

式（2.3）中，N 为样本量。F 统计检验值服从标准 F 分布。若 F 检验值大于标准 F 分布的临界值，则拒绝原假设，说明 X 的变化是 Y 变化的原因；否则，拒绝原假设，说明 X 的变化不是 Y 变化的原因。

二 检验结果分析

以下对人均 GDP 与城镇化率分别进行单位根检验和 Granger 因果关系检验。

1. 单位根检验

为消除异方差的影响和数据的剧烈波动，对人均 GDP 与城镇化率分别取对数，用 LN（人均 GDP）、LN（城镇化率）表示，而 ΔLN（人均 GDP）、ΔLN（城镇化率）则分别表示它们的一阶差分。

表 2 - 2　　　　　人均 GDP 与城镇化率的单位根检验

变量	ADF 统计量	5% 临界值	结论
LN（人均 GDP）	- 3.167043	- 3.603202	不平稳
LN（城镇化率）	- 1.433600	- 3.6027	不平稳
ΔLN（人均 GDP）	- 2.826469	- 2.635542	平稳
ΔLN（城镇化率）	- 4.681934	- 3.603202	平稳

表 2 - 2 的单位根检验结果表明，LN（人均 GDP）、LN（城镇化率）是非平稳序列，而 ΔLN（人均 GDP）、ΔLN（城镇化率）是一阶平稳序列。

2. Granger 因果关系检验

执行 Granger 因果关系检验（Pairwise Granger Causality Tests），表 2 - 3 结果表明，我国的城镇化是人均 GDP 发展的结果，而不是相反。

表 2 - 3　　　　城镇化率与人均 GDP 间关系的 Granger 因果关系检验

Null Hypothesis	F-Statistic	Probability
LN 城镇化率 does not Granger Cause LN 人均 GDP	1.96302	0.15785
LN 人均 GDP does not Granger Cause LN 城镇化率	3.80880	0.02956

以上的实证分析结果证明了我国人均 GDP 的增长源泉并不来源于城镇化,相反,城镇化发展来源于人均 GDP 增长,即,先必须有产业增长,然后才有城镇化的进步,要实现城镇化,必须首先发展产业。为什么会产生这种现象呢?笔者认为,如果没有城镇产业的发展,小城镇就会成为没有产业基础的空壳镇,农民进镇之后也无事可干,不能就业。这样,空壳镇作为一个增长极,就根本不会带来城镇本身对人口聚集的吸引力,不但没有吸引力,发展不起来,而且可能日趋萎缩。从这个意义上讲,城镇化的先决条件应是产业发展。这也在一定程度上昭示我们,任何区域在推进城镇化之前,首要的是要明确城镇化的依托和功能定位。城镇化的依托是什么?城镇化的依托只能是产业的发展和聚集。农村城镇化绝对不是为城镇化而城镇化,不要以为把农民转入城镇,建一些企业,修一些马路,盖一些房子,就实现了城镇化。一个城镇必须有吸收外来要素的功能,有开放式的结构,能聚集人气、财气和市气;否则,城镇发展起来也是有镇无市,没有生命力。因此,发展壮大产业,推动产业聚集,提高产业的关联度是农村城镇化的依托和功能定位的基点。当然,城镇的功能定位、城镇的产业重点并没有一个固定的模式,应当按照各个区域的具体条件来确定。

第二节　湖北与浙江农村城镇化动力机制比较

关于农村城镇化动力机制的研究，不同的学者从各自不同的角度对此进行了具体的分析。阎小培认为，中国城市化动力机制可简化为二元理论模式，即自上而下型和自下而上型。宁越敏认为，20 世纪 90 年代以来，中国展现了一种新的城市化进程，即以政府、企业和个人三元主体共同作用、以多元城市化动力替代以往单一的或二元为主的城市化动力。陈扬乐认为，当今农村城镇化的动力机制可概括为内力作用和外力作用，其中以内力作用为主要动力的城市化为"内生城市化"，这以苏南模式为代表；而以外力作用为主要动力的城市化为"外生城市化"，以珠江三角洲的农村城镇化为典型。

这些观点都从不同侧面反映了农村城镇化的动力来源，但要系统比较两地区之间城镇化动力来源差异，所制定的城镇化动力机制的指标来源就必须比较全面。以下首先构建一套农村城镇化动力机制评价体系，然后在此基础上利用主成分分析方法寻找两地农村城镇化水平差异的原因。

一　农村城镇化动力机制指标体系构建

农村城镇化动力机制评价是衡量城镇化水平的一项基础工作，所建立的评价指标体系应能全面体现评价区域城镇化动力机制的整体状况。因此，应遵循以下原则：一是较强的代表性。二是较强的可操作性与可行性。三是能最大程度地反映城镇化发展环境的区域差异。四是简洁性。要求选取一些代表信息量较大而且能够反映事物本质特征的指标。

农村城镇化的动力结构并非是单一的，而是由多层次、错综复杂的因素共同促成，它不仅体现了一个地区人口性质的变化，还体现出该地区的经济发展水平、产业结构演变以及人民生活质量的提高。因此，对城镇化动力机制的测度，学术界比较常用的是复合指标方法。复合指标法是选用与城镇化有关的一组指标予以综合分析，以考察城镇化的水平。基于对农村城镇化的理论认识，建立城镇化动力机制水平测度指标体系，见表2-4。

表2-4　　　　　　　农村城镇化动力机制指标体系

一级指标	二级指标	代码
城镇化基础动力指标	每平方公里公路拥有里程	X_1
	人口密度	X_2
	第一产业劳动生产率	X_3
	第一产业从业人员占全部就业人口比重	X_4
城镇化初始动力指标	第一产业占 GDP 比重	X_5
	每亩机械总动力	X_6
	有效灌溉面积占耕地面积比重	X_7
	人均 GDP	X_8
	农民人均纯收入	X_9
城镇化根本动力指标	第二产业劳动生产率	X_{10}
	第二产业占劳动力比重	X_{11}
	第二产业占 GDP 比重	X_{12}
	第三产业劳动生产率	X_{13}
城镇化后续动力指标	第三产业占劳动力比重	X_{14}
	第三产业占 GDP 比重	X_{15}

二　主成分综合评价模型

为了达到对 X_1，…，X_{15} 这 15 个指标降维的目的，可以使用多元统计分析中的主成分分析法。主成分分析法的独到之处在于，它能够消除样本指标间的相互关系，在保持样本主要信息量的前提下，提取少量有代表性的主要指标。同时，在分析过程中得到主要指标的合理权重，用主成分作为决策分析的综合指标。用主成分分析进行综合评价的基本步骤如下：

第一，样本数据标准化变换。设样本数据矩阵为 $X = (x_{ij})_{m \times n}$，即 n 个指标 m 个样本。标准化数据矩阵为 $Y = (y_{ij})_{m \times n} = y_1, y_2, \cdots, y_n$，标准化变换公式为

$$y_{ij} = \frac{x_{ij} - \overline{x}_j}{s_j}, (i = 1, 2, \cdots, m; j = 1, 2, \cdots, n) \quad (2.4)$$

其中，$\overline{x}_j = \frac{1}{m} \sum_{i=1}^{m} X_{ij}, s_j = \sqrt{\frac{1}{m} \sum_{i=1}^{m} (x_{ij} - \overline{x}_j)^2} \quad (2.5)$

经过标准化变换后，各样本的均值和方差分别为 0、1。

第二，写出样本相关矩阵。设样本相关矩阵 $R = (r_{ij})_{m \times n}$，相关系数

$$r_{ij} = \frac{1}{m - 1} \sum_{i=1}^{m} y_{ij} \quad (2.6)$$

并且有 $r_{ij} = r_{ji}$，$r_{ii} = 1$。所以，R 是对称矩阵，主对角线上元素均为 1。

第三，计算相关矩阵 R 的特征值和对应的特征向量。由特征方程 $| R - \lambda | = 0$ 解出 n 个特征值：$\lambda_1, \lambda_2, \cdots, \lambda_n$

特征值是各主成分的方差，它的大小反映了各个主成分在描述被评价对象上所起的作用。

由齐次线性方程组 $(R - \lambda)L = 0$，解出对应的特征向量 $L_1, L_2, \cdots, L_n$

$L_j = (l_{1j}, l_{2j}, \cdots, l_{nj})^T, (j = 1, 2, \cdots, n)$

第四，按累积贡献率准则提取主成分。计算各主成分的贡献率

$$b_j = \lambda j \left(\sum_{j=1}^{m} \lambda_i \right)^{-1} \qquad (2.7)$$

并按累积贡献率准则，即以累积贡献率 $\left(\sum_{i=1}^{k} \lambda_i \right) \left(\sum_{i=1}^{n} \lambda_i \right)^{-1}$

$\geqslant 85\%$ 为准则，提取 K 个主成分 $Z_j = \sum_{i=1}^{n} l_{ij} y_i, (j = 1, 2, \cdots, k)$，

式中，$Z_j = (Z_{1j}, Z_{2j}, \cdots, Z_{mj})^T$, $Y_f = (y_{1f}, y_{2f}, \cdots, y_{mf})^T$，这表示第 j 个主成分是标准化指标样本的线性组合，其系数是特征值 λ_j 对应的特征量 L_j 的分量。

第五，分析主成分的经济意义。综合评价值可以用 K 个主成分的加权平均值，权数取各主成分的贡献率 b_j，即综合评价值为 $Z = \sum_{j=1}^{k} b_j z_j$。

三 实证分析

以上所选评价农村城镇化动力机制的 15 个指标的原始数据来源于《湖北省统计年鉴（2005 年）》和《浙江省统计年鉴（2005 年）》。对原始数据实行标准化，利用 SPSS 12.0 软件求出 15 个指标的相关系数矩阵，如表 2 - 5 所示。

表 2 - 5　　　　　　　　主成分分析提取结果

变量	F_1	F_2	F_3	F_4	F_5
X_1	0.211	0.461	- 0.195	0.086	0.712
X_2	0.642	0.321	0.055	- 0.213	0.639
X_3	0.700	0.418	0.423	0.717	- 0.107
X_4	- 0.879	- 0.158	0.839	0.345	0.037
X_5	- 0.751	0.423	0.866	0.370	- 0.144
X_6	0.372	0.375	0.798	0.131	- 0.117

变量	F_1	F_2	F_3	F_4	F_5
X_7	0.651	0.243	−0.433	0.790	0.069
X_8	0.952	−0.209	0.118	−0.024	−0.149
X_9	0.919	−0.085	0.060	0.114	−0.108
X_{10}	0.873	0.080	−0.152	0.237	−0.296
X_{11}	0.912	−0.040	−0.098	−0.042	−0.001
X_{12}	0.918	−0.117	−0.478	−0.322	−0.085
X_{13}	0.315	0.751	0.058	0.238	−0.047
X_{14}	−0.181	0.777	0.151	−0.636	−0.369
X_{15}	0.167	0.746	0.635	−0.132	0.381
方差贡献	7.439	1.886	1.608	1.112	1.017
累积贡献率（%）	49.591	62.164	72.881	80.294	87.074

根据特征向量提取的 5 个主成分反映了 15 个指标所包含的 87.074% 的信息，说明 5 个主成分足够地反映了 15 个指标中的原始信息。其中，第一主成分依次对人均 GDP、农民人均纯收入、第二产业占 GDP 比重、第二产业占劳动力比重、第二产业劳动生产率有较大的负荷系数；第二主成分依次对第三产业占劳动力比重、第三产业劳动生产率、第三产业占 GDP 比重有较大的负荷系数；第三主成分依次对第一产业占 GDP 比重、第一产业从业人员占全部就业人口比重、每亩机械总动力有较大的负荷系数；第四主成分依次对有效灌溉面积占耕地面积比重、第一产业占 GDP 比重有较大的负荷系数；第五主成分依次对每平方公里公路拥有里程、人口密度有较大的负荷系数。

这些主成分都有一定的现实意义，第一主成分反映了第二产业、GDP 以及农民收入的情况，而这些都是农村城镇化的根本动力指标，可称之为根本动力因子；第二主成分主要反映第三产

业的情况，可称之为后续动力因子；第三、四主成分主要反映第
一产业情况，可称之为初始动力因子；第五主成分主要反映农村
城镇化基础动力指标，可称之为基础动力因子。从上述分析过程
可以看出，湖北与浙江农村城镇化动力机制中，最关键的要素主
要是根本动力因子，然后依次是后续动力因子、初始动力因子和
基础动力因子。

　　利用表 2 - 5 提供的主成分得分系数，计算出第一、二、三、
四、五主成分得分，然后，以方差贡献率为系数，利用公式

$$Y = 0.49591F_1 + 0.12573F_2 + 0.10717F_3 + 0.07.413F_4 +$$

$0.06780F_5$ 计算湖北与浙江各市城镇化动力因子综合得分及综合
排序，所得结果分别见表 2 - 6 与表 2 - 7。

表 2 - 6　　　　　　城镇化动力机制主成分得分系数矩阵

因子	F_1	F_2	F_3	F_4	F_5
X_1	- 0.137	- 0.032	0.629	0.023	0.100
X_2	- 0.005	- 0.067	0.507	- 0.249	- 0.061
X_3	- 0.064	0.409	0.016	0.065	0.006
X_4	- 0.164	0.012	- 0.062	0.069	0.289
X_5	- 0.216	0.242	- 0.027	0.275	0.108
X_6	- 0.116	0.481	- 0.038	- 0.076	- 0.078
X_7	0.032	- 0.028	0.176	0.293	0.225
X_8	0.149	0.079	- 0.157	- 0.040	- 0.009
X_9	0.108	0.118	- 0.089	0.041	0.082
X_{10}	0.097	0.136	- 0.169	0.296	0.088
X_{11}	0.139	- 0.022	0.028	0.013	0.003
X_{12}	0.258	- 0.290	- 0.012	0.090	- 0.184
X_{13}	0.087	0.106	- 0.101	0.009	0.231
X_{14}	0.086	0.060	- 0.089	0.061	- 0.735
X_{15}	- 0.032	0.038	0.065	- 0.614	0.104

表2-7 湖北与浙江各市农村城镇化动力因子综合评分排序表

地市	序号	第一主成分得分	第一主成分排序	第二主成分得分	第二主成分排序	综合得分	综合排序
杭州市	1	1.61676	3	0.99259	1	0.781434	4
宁波市	2	1.67417	1	0.65492	2	0.926936	2
嘉兴市	3	1.65178	2	0.41301	3	0.968426	1
湖州市	4	0.93233	7	0.39269	4	0.554945	5
绍兴市	5	1.51936	4	0.10082	6	0.830404	3
舟山市	6	0.11754	10	-0.06309	16	0.131956	10
温州市	7	1.23595	5	0.32614	5	0.425111	7
金华市	8	0.86608	8	-0.04616	13	0.401384	8
衢州市	9	-0.35855	18	-0.32225	17	-0.20752	17
台州市	10	1.13158	6	-0.01975	9	0.476151	6
丽水市	11	-0.1897	15	-0.21938	21	-0.21332	18
武汉市	12	0.28427	9	0.04533	10	0.220711	9
黄石市	13	0.10974	11	-0.21037	20	-0.23658	19
十堰市	14	-0.23292	16	-0.30342	22	-0.5078	26
宜昌市	15	-0.53852	19	-0.31982	24	-0.03225	12
襄樊市	16	-0.746	24	-0.31079	23	-0.37144	24
鄂州市	17	-0.0756	13	-0.01408	11	-0.05899	14
荆门市	18	-0.58762	20	0.05271	8	-0.12297	16
孝感市	19	-0.72746	22	-0.18624	19	-0.36617	23
荆州市	20	-0.63926	21	-0.05703	14	-0.27284	21
黄冈市	21	-1.39569	26	-0.4486	26	-0.40267	25
咸宁市	22	-0.84384	25	-0.12417	25	-0.31819	22
随州市	23	-0.73546	23	-0.18193	18	-0.2566	20
恩施州	24	-1.88036	28	-0.60793	27	-0.9996	27
仙桃市	25	-0.04249	12	0.05603	7	-0.01388	11
天门市	26	-0.33837	17	-0.05765	15	-0.06457	15
潜江市	27	-0.13859	14	0.04535	12	-0.04481	13
神农架	28	-1.66912	27	-0.6467	28	-1.22727	28

从表2-7排序情况看，由于第一和第二主成分综合了多个

指标的信息，且由累积贡献率知它们是反映经济实力的两个主要因子，它们对最终排名的影响很大，因此按第一和第二主成分的单独排名与最终排名相差不大。

四 湖北与浙江农村城镇化动力机制的聚类分析

将上面的 28 个地市州的 15 个经济指标进行极大值标准化处理，我们用 SPSS 软件进行分层聚类分析。聚类方法采用 Ward方法（Ward's method），距离测度方法采用欧氏距离的平方（Squared Euclidean distance），所得结果见图 2－2。

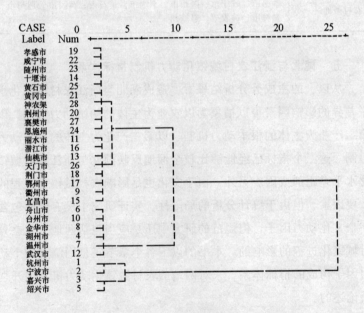

图 2－2 湖北与浙江农村城镇化动力机制聚类

聚类图直观地反映了湖北与浙江 28 个地市州之间城镇化动力机制的相似性和差异性，根据图 2－2 可以把这些城市分为四类。划分结果与主成分分析基本符合。即将浙江湖北两省划分为城镇化地区、准城镇化地区、过渡型地区和农村型地区等四类。聚类结果见表2-8。

表2-8   湖北与浙江市州农村城镇化动力机制聚类比较

城镇化地区	嘉兴市、绍兴市、宁波市、杭州市
准城镇化地区	温州市、湖州市、金华市、台州市、舟山市、武汉市
过渡型地区	仙桃市、潜江市、天门市、衢州市、丽水市、宜昌市、鄂州市、荆门市
农村型地区	孝感市、咸宁市、随州市、十堰市、黄石市、黄冈市、荆州市、襄樊市、神农架、恩施州

五 湖北与浙江农村城镇化动力机制指标体系

从以上的主成分分析结果看，造成湖北与浙江农村城镇化水平差异的影响因素可以抽象为以农业为主体的初始动力机制、以第二产业为主体的根本动力机制、以第三产业为主体的后续动力机制。这三个指标已经能够比较全面地反映湖北与浙江农村城镇化水平差距的成因。另外，由于文化也是影响农村城镇化进程的重要因素，但由于统计分析的局限性，实证研究中没有能够包含一个文化动力因子，但规范的研究中还是应当包括两地文化差异对城镇化进程的影响的。本书的以下各个章节正是围绕这四个动力因子构成的指标体系，来对两地的农村城镇化动力机制展开全面论述的。

第三节   小结

从本章第二节的实证分析结果看，排在前10名的城市中，浙江 12 个市中占 9 个，而湖北仅有武汉排第 9 位，从表 2－8 的聚类分析结果看，城镇化地区与准城镇化地区主要在浙江，湖北除武汉外，都是过渡型地区和农村型地区。由此可以得出结论，湖北与浙江农村城镇化水平存在巨大差距。湖北与浙江农村城镇化水平上的差异，实际上体现了各地区经济与社会发展的综合水平上的不平衡。湖北要追赶浙江农村城镇化，必须在借鉴浙江先进经验的基础上，因地制宜，采取多元的、多层次的模式。具体而言，湖北农村城镇化过程中，有以下一些基本原则值得借鉴。

1. 农村城镇化的动力结构是多层次、错综复杂的综合体系

这个综合体系包括地理环境、政策、外资的利用、大中城市的扩散、社区政府的作用和农民主体的行为等。各要素间有着密切的关系，彼此相互影响，在农村城镇化进程中扮演着不同的角色。同时，城镇的发展一定要与当地经济发展水平相适应，既要坚持高起点、高速度、高标准，又要坚持因地制宜、量力而行、逐步建设的原则，决不能一哄而上，盲目攀比，又要按照城镇化发展的客观规律，走出一条在政府引导下主要通过市场机制推动的路子。

2. 加快发展非农产业是农村城镇化的根本途径

从主成分分析结果看，影响农村城镇化水平的主要动力因子依次为第二产业、第三产业、第一产业及基础设施环境。因此，湖北以后应大力发展乡镇企业，壮大城镇经济实力。从浙江农村城镇化历程看，农村工业化是农村城镇化的最直接动力，乡镇企业的发展则是农村工业化的核心，因此要实现城镇发展在质和量上的突破，必须大力发展乡镇企业，通过乡镇工业的发展来推动农村城镇化的进程。另一方面，第三产业是农村城镇化发展的后续动力，加快第三产业的发展，可以优化农村产业结构。究其原因，主要是因为第三产业的资本密集程度低，是农村剩余劳动力

最容易进入的产业，也是发展潜力最大、吸纳劳动力最多的产业。第三产业诸如信息、交通、金融、保险、咨询等服务行业，目前正是包括湖北在内的广大中部地区农村城镇化建设中最薄弱的环节，这些产业发展的好，不仅能使农村各种社会化服务体系壮大自身实力，而且能成为农村城镇化进程的强大推动力量。

3. 充分调动农村城镇化参与者的主观能动性是农村城镇化的内在要求

随着市场体制的不断完善，市场机制在农村城镇化建设过程中的作用将日益显著。同时，市场化过程也是人们追求自身利益的行为取向不断强化的过程。农村城镇化的动力机制研究也表明，城镇化主体的市场机制与利益机制是农村城镇化内在的基础动力，充分调动农村城镇化参与者的主观能动性对于农村城镇化发展至关重要。浙江农村城镇化之所以在改革开放以来异军突起，这与市场体制的大背景密切相关。在市场经济条件下，由于市场机制的作用，资本按照比较利益的原则流向获利最大的部门和地区，所以在县域范围内，小城镇成为资本及其他资源聚集的理想场所。针对湖北省各地区经济发展的差异，在城镇化政策策略的制定上，应采取区别发展的思路，即不同地区农村城镇化的发展重点不同。对于农业经济占主导地位的农村型地区，应选取重点发展城关镇的战略，通过以点带面的方式带动整个区域城镇化的发展；对于农村工业发展较快的一些中等发达地区，城镇化发展重点应适当增加投入使其基础产业和主导支柱产业成长起来，以加快其城镇化的步伐；而对于城镇化水平较高的少数先进地区，今后的任务是在考虑城镇功能分工的基础上，加强城镇群体建设，健全并完善城镇网络体系，加快城乡一体化的进程。

第 三 章

湖北与浙江农村城镇化
初始动力机制比较

在农村城镇化的初始阶段，农业生产力水平的提高是导致农村城镇化的重要因素。一般来说，农村城镇化总是首先在那些农业分工完善、农村经济发达的地区兴盛起来，并建立在农业生产力发展达到一定程度的基础之上。可以说，农村城镇化是农村经济发展到一定阶段的产物，农村经济的发展水平是农村城镇化的基础。新中国成立以后，我国政策上长期的"城镇偏向"和"乡村歧视"扼杀了农民从事农业生产的积极性，农业生产力水平低不仅将大量农业人口束缚在土地上，为填饱肚子而忙碌，不能为其他产业的发展提供充分的支持，而且，农业人口比重高的直接后果是滞留在自给自足传统乡村的农民消费水平极低，中国农业产出除了满足农民自身消费后，可供商品化的产品所剩无几。造成农业本身能够为城镇化提供的初始动力既具有强制性，力量也十分微薄。十一届三中全会以后，农业生产力获得了前所未有的解放，越来越多的农民摆脱了土地的束缚，农产品产量大幅度增加，农业对于城镇化的初始推动力开始发挥它应有的作用。

第一节　城镇化发展及其初始动力因子
关系的实证检验

为了揭示城镇化发展与城镇化初始动力因子之间的关系，本章拟通过计量经济分析方法，使用下列指标。城镇化水平作为外生变量，用城镇化增长率（Y）表示，而 Y 则用城镇人口增长率表示。城镇化初始动力因子分别用农民人均纯收入增长率、第一产业国内生产总值、财政支农增长率等三个指标组成的指标体系表示。虽然该指标体系在统计上有一定的不足和缺陷，但并不影响本章研究的精神实质。

采用1978—2004年的我国城镇人口、农民人均纯收入及其增长率、第一产业国内生产总值及其增长率、财政支农总额及其增长率。由于多项指标受价格因素限制，为了消除价格影响，分别用价格指数进行平减，具体数据见表3—1。

1. 单位根过程

协整检验的前提条件是两个变量都是同阶单整，只有在同阶单整的两个变量之间，才有可能存在协整关系。所以首先对所要研究的序列进行单位根检验。单位根检验是对序列的平稳性进行检验，同时也是对序列的单整阶数的检验。运用 Eviews 软件，进行平稳性检验和协整检验，结果如表3—2所示。

表3-1　我国城镇化发展及其初始动力因子关系

年份	城镇人口数	城镇化增长率（Y）	农民人均纯收入	农民收入增长率（INC）	第一产业国内生产总值	第一产业劳动生产率增长率（PRO）	财政支农总额	财政支农增长率（BUG）
1978	17245		133.6		1018.4		100	
1979	18495	1.072485	157.21295	1.1767437	1186.5221	1.152226	100	1
1980	19140	1.0348743	174.63542	1.1108208	1300.7554	1.077905	99.60159	0.996016
1981	20171	1.0538662	198.96499	1.1393164	1382.1708	1.039218	98.61541	0.990099
1982	21480	1.0648951	235.84023	1.1853354	1412.8532	0.986359	96.967	0.983284
1983	22274	1.0369646	265.20063	1.1244927	1452.0935	1.018139	95.15899	0.981354
1984	24017	1.0782527	296.15421	1.1167176	1505.7215	1.046438	92.38733	0.970873
1985	25094	1.0448432	296.16858	1.0000485	1637.6714	1.078478	84.83687	0.918274
1986	26366	1.0506894	297.53508	1.0046139	1724.0171	1.048548	80.95124	0.954199
1987	27674	1.0496093	305.81469	1.0278273	1908.9991	1.092994	80.07046	0.98912
1988	28661	1.0356652	306.57141	1.0024745	2226.6956	1.145225	74.83218	0.934579
1989	29540	1.0306689	283.6678	0.9252911	2383.5541	1.039	64.39949	0.860586
1990	30195	1.0221733	309.72204	1.0918477	2635.9333	0.944209	54.16273	0.841043
1991	31203	1.033383	312.59615	1.0092796	2713.5078	1.024585	51.33908	0.947867
1992	32175	1.0311509	330.33292	1.0567402	2842.3114	1.058267	46.88499	0.913242
1993	33173	1.0310179	341.5213	1.03387	3221.2021	1.163953	40.66349	0.867303

续表

年份	城镇人口数	城镇化增长率（Y）	农民人均纯收入	农民收入增长率（INC）	第一产业国内生产总值	第一产业生产劳动生产率增长率（PRO）	财政支农总额	财政支农增长率（BUG）
1994	34169	1.0300244	366.67039	1.0736384	4256.2411	1.35927	32.11965	0.789889
1995	35174	1.0294126	403.22433	1.0996916	5140.4624	1.245071	29.09389	0.905797
1996	37304	1.0605561	456.22564	1.1314437	5645.9821	1.120737	27.47298	0.944287
1997	39449	1.0575005	482.99659	1.0586792	5599.6649	0.991227	26.41633	0.961538
1998	41608	1.0547289	504.65838	1.0448488	5540.2015	0.979902	25.97476	0.983284
1999	43748	1.0514324	523.78951	1.0379091	5359.5259	0.951404	26.02681	1.002004
2000	45906	1.049328	534.53774	1.0205201	5290.403	0.979571	26.13134	1.004016
2001	48064	1.0470091	556.8878	1.0418119	5421.9825	1.011679	25.84702	0.98912
2002	50212	1.0446904	584.92568	1.0503474	5510.3814	1.006463	25.74405	0.996016
2003	52376	1.0430973	609.76036	1.0424579	5646.4271	1.033774	25.69266	0.998004
2004	54283	1.0364098	676.11465	1.1088203	6516.7192	1.19592	25.61581	0.997009

注：1. 城镇化增长率＝本年城镇人口数/上年城镇人口数。
2. 农民人均纯收入用农村居民消费价格指数（以1978年为基期）进行平减。
3. 第一产业国内生产总值用国内生产总值指数（以1978年为基期）进行平减。
4. 第一产业劳动生产率＝第一产业国内生产总值÷第一产业从业人员总数。
5. 财政支农总额用农业生产品生产价格指数（以1978年为基期）进行平减。
6. 产值单位是亿元，人口单位是万人，增长率单位是%。

表 3 - 2　Y、INC、BUG 等各个变量的单位根（ADF）检验

变量	ADF 统计量	5% 临界值	结论
Y	- 1. 855929	- 2. 9907	不平稳
INC	- 1. 737545	- 3. 6118	不平稳
BUG	- 2. 107169	- 3. 0199	不平稳
PRO	- 2. 952843	- 3. 0199	不平稳
ΔY	- 5. 415866	- 2. 9969	平稳
ΔINC	- 3. 929632	- 2. 9969	平稳
ΔBUG	- 4. 555360	- 3. 0294	平稳
ΔPRO	- 3. 153815	- 2. 9969	平稳

单位根检验结果表明，城镇化增长率（Y）、农民收入增长率（INC）、财政支农增长率（BUG）、第一产业劳动生产率增长率（PRO）序列是非平稳序列，而这些变量的一阶差分（ΔY、ΔINC、ΔBUG、ΔPRO）是平稳序列。

2. 协整检验

如前所述，城镇化增长率（Y）、农民收入增长率（INC）、财政支农增长率（BUG）、第一产业劳动生产率增长率（PRO）序列的一阶差分（ΔY、ΔINC、ΔBUG、ΔPRO）是平稳序列，即都是一阶单整序列，适用于 VAR 模型。在作进一步的分析之前，先用 Johansen 协整检验法进行协整检验，以确定这几个指标之间是否存在某种平稳的线性组合，即是否存在指标间的长期稳定关系（协整关系）。表 3 - 3 给出了 Johansen 协整检验结果。

表 3 - 3　Y、INC、BUG、PRO 等变量的 Johannsen 协整检验

变量	特征值	似然比 LR	5% 显著水平临界值	假定的 CE 数量
Y 与 INC	0.406115	21.92054	15.41	None＊＊
	0.324489	9.414854	3.76	At most 1＊＊
Y 与 BUG	0.505721	19.40396	15.41	None＊
	0.233211	5.310873	3.76	At most 1＊
Y 与 PRO	0.555173	22.65757	15.41	None＊＊
	0.275887	6.456155	3.76	At most 1＊

注：＊＊（＊）表示在 1%（5%）的水平上显著，检验的滞后阶数为 1。

表 3 - 3 显示的结果表明城镇化发展和农民收入增长率（INC）、财政支农增长率（BUG）、第一产业劳动生产率增长率（PRO）这几个指标之间确实具有某种协整关系。由于相关性并不等于因果性，协整关系只能说明指标之间至少有单向的因果关系，但并不能具体指出何为因、何为果，因此还需要作进一步因果检验，以确定经济发展与城乡统筹之间的因果方向。

3. Granger 因果关系检验

对于城镇化发展（Y）与农民收入增长率（INC）、财政支农增长率（BUG）、第一产业劳动生产率增长率（PRO）这几个指标之间的因果方向，本书采用 Granger 因果关系检验法进行分析检验，计算结果见表 3 - 4。

表 3 - 4　Y、INC、BUG、PRO 等变量 Granger 因果关系检验

原假设	F 统计量	P 值	结论
INC 不是 Y 的 Granger 原因	4.44493	0.02609	拒绝
Y 不是 INC 的 Granger 原因	2.84550	0.08299	接受
BUG 不是 Y 的 Granger 原因	9.43168	0.00223	拒绝
Y 不是 BUG 的 Granger 原因	1.82274	0.19561	接受
PRO 不是 Y 的 Granger 原因	4.95261	0.02231	拒绝
Y 不是 PRO 的 Granger 原因	0.85550	0.44480	接受

　　根据表 3 - 4 的结果，可以得出如下结论：农民收入增长率（INC）、财政支农增长率（BUG）、第一产业劳动生产率增长率（PRO）是城镇化发展（Y）的 Granger 原因；反过来，城镇化发展（Y）不是农民收入增长率（INC）、财政支农增长率（BUG）、第一产业劳动生产率增长率（PRO）的 Granger 原因。这也表明，城镇化水平的提高，离不开农民收入增长率（INC）、财政支农增长率（BUG）、第一产业劳动生产率增长率（PRO）等初始动力因子的作用。

　　4. 脉冲响应分析

　　脉冲响应函数刻画的是在扰动项上加上一个单位标准差大小的新息冲击（Innovation）对内生变量的当前值和未来值所带来的影响。协整检验和 Granger 因果关系分析反映了城镇化发展（Y）不是农民收入增长率（INC）、财政支农增长率（BUG）、第一产业劳动生产率增长率（PRO）的长期均衡关系和因果关系，为了能从动态角度更好地深入分析变量间的互动关系，本书进一步对其作脉冲响应分析。

　　（1）脉冲反应函数及方差分解简介

　　脉冲响应函数（Impulse Response Functions，IRF）用于衡量来自随机扰动项的一个标准差冲击对内生变量当前值和未来值的影响，并且扰动项对某一变量的冲击影响通过 VAR 模型的动态结构传递给其他所有的变量。而方差分解（Variance Decomposition）则是把 VAR 系统中每个内生变量的波动按其成因分解为与各方程新息相关联的组成部分，从而了解各新息在模型变量动态变化中的相对重要性。

　　假定 VAR 模型的数学表达式为：

$$Y_t = A_0 = A_1 Y_{t-1} + \cdots + A_p Y_{t-p} + \varepsilon_t \tag{3.1}$$

其中，Y_t 是 m 维内生变量向量，A_0 为常数向量，$A_i(1,2,\cdots,p)$ 为系数矩阵，ε_t 为 m 维误差向量，其协方差矩阵为 Ω，且 $E(\varepsilon_t) = 0, E(\varepsilon_t\varepsilon'_t) = \Omega$。在实际应用中，通常希望滞后期 p 足够大，从而能够完整地反映所构造模型的动态特征；但另一方面，滞后期越长，模型中待估计的参数就越多，自由度就越少。因此，为了在滞后期与自由度之间寻求一种均衡状态，一般根据 AIC 和 SC 信息量取值最小的原则或 LR 法确定模型的滞后阶数。

在随机扰动项上加一个标准差大小的冲击会对内生变量的当前值和未来值产生一定的影响，脉冲响应函数就是用来跟踪这种影响的。考察一个简单的双变量一阶向量自回归模型 $VAR^{(1)}$：

$$Q_t = \alpha_{11}Q_{t-1} + \alpha_{12}M_{t-1} + \varepsilon_{1,t} \tag{3.2}$$

$$M_t = \alpha_{21}Q_{t-1} + \alpha_{22}M_{t-1} + \varepsilon_{2,t} \tag{3.3}$$

其中，Q 和 M 是 $VAR^{(1)}$ 中的内生变量，ε 是随机扰动项或新息（Innovation）。在 $VAR^{(1)}$ 中，$\varepsilon_{1,t}$ 发生变化，不仅会立刻改变 Q 的当前值，同时也会通过当前的 Q 值影响到变量 Q 和 M 今后的取值，因为 Q 的滞后项在两个方程中都是解释变量。脉冲响应函数就是试图描述这些影响的轨迹，显示任意一个变量的扰动如何通过模型影响所有其他变量，最终又反馈到自身的过程。

如果新息 $\varepsilon_{1,t}$ 和 $\varepsilon_{2,t}$ 之间是不相关的，则脉冲响应可以直接进行解释，即 $\varepsilon_{1,t}$ 是 Q 的新息，$\varepsilon_{2,t}$ 是 M 的新息。但新息之间一般都是相关的，它们将包含一个不与某特定变量相联系的共同成分，故无法将新息单独指派给某一变量。通常，将共同成分的效应归属于 VAR 系统中第一个出现（依照方程顺序）的变量。为了处理这一问题，常引入一个变换矩阵 Z 与新息 ε_t 相乘，使得：

$$V_t = Z \cdot \varepsilon_t \sim (0, \Omega)$$

从而把 ε_t 的协方差矩阵变换为一个对角矩阵。目前，用于此变换的方法有很多，常用的一种是乔利斯基（Cholesky）分解法，其通过将新息正交化而使得每个变量的相对影响可以分离开来。

将脉冲响应函数绘制成脉冲响应曲线图，则可以更直观地分析冲击对每个内生变量的动态影响。如果脉冲响应曲线趋于 0，说明一变量暂时变化对另一变量没有持久影响；如果趋于某一数值，则说明一变量暂时变化对另一变量有持久影响；如果脉冲响应曲线位于零坐标线上方，即显示一变量暂时变化可引起另一变量同向变化；若曲线位于零坐标线下方，则表示一变量暂时变化可引起另一变量反向变化。

Sims 于 1980 年提出的方差分解法，提供了一种判断经济序列变量间动态相关性的重要方法。方差分解实质上是一个新息计算（Innovation Accounting）过程，是将系统在不同预测期限的预测均方误差（Mean Square Error，MSE）分解为系统中各变量冲击所作的贡献。方差分解的主要思想是将系统中每个内生变量（共 m 个）的波动（k 步预测均方误差）按其成因分解为与各方程新息相关联的 m 个组成部分，从而了解各新息对模型内生变量的相对重要性。

对于式（3.1）所示的 p 阶向量自回归过程，假设 Y_t 为平稳随机过程，则可将其表示为无穷向量移动平均过程：

$$Y_t = \varepsilon_t + B_1\varepsilon_{t-1} + B_2\varepsilon_{t-2} + B_3\varepsilon_{t-3} + \cdots \tag{3.4}$$

利用 Choleshy 分解法，将式（3.4）变换成：

$$Y_t = PP^{-1}\varepsilon_t + B_1PP^{-1}\varepsilon_{t-1} + B_2PP^{-1}\varepsilon_{t-2} + B_3PP^{-1}\varepsilon_{t-3} + \cdots$$
$$= \Theta_0\xi_t + \Theta_1\xi_{t-1} + \Theta_2\xi_{t-2} + \Theta_3\xi_{t-3} + \cdots$$

其中，P 为一非奇异下三角矩阵，$\Omega = PP'$，$\Theta_i = B_iP$，表示系统 Y_t 对单位冲击（新息）ξ_t 的反应；$\xi_t = P^{-1}\varepsilon_t$，$E(\xi_t\xi'_t) = I$。则 Y_t 的 k 步预测均差误差为：

$$VAR\left[Y_{t+k} - E(Y_{t+k} \mid Y_t, Y_{t-1}, Y_{t-2}, \cdots)\right]$$
$$= \Theta_0'_0 + \Theta_1\Theta'_1 + \cdots + \Theta_{k-1}\Theta'_{k-1}$$

第 j 个变量的新息对第 i 个变量的 k 步预测均差误差的贡献为：

$$\sum_{s=0}^{k-1} \Theta_{s,ij}^2 \Big/ \sum_{j=1}^{n} \sum_{s=0}^{k-1} \Theta_{s,ij}^2 \tag{3.5}$$

其中，$\Theta_{s,ij}$ 是矩阵 Θ_s 的第 ij 个元素。由式（3.5）可以测算 VAR 模型系统中任意一个内生变量的预测均方误差分解成系统中各变量的新息所作的贡献，估算该变量贡献占总贡献比例随时间变化而变化的特征，研究变量在系统中的作用以及它的变化对系统内其他变量的影响。

（2）实证分析

图 3 - 1 是模拟的脉冲响应函数曲线，横轴代表滞后阶数，纵轴代表对新息冲击的响应程度。图中实线部分为计算值，虚线为响应函数值加或减两倍标准差的置信带。

从图 3 - 1 的脉冲响应函数曲线可以发现，城镇化发展（Y）对自身一个单位正向的标准差的冲击后，在滞后 4 年内的冲击是正向效应，但逐年减少，在第 4—6 年内对冲击为负向效应，但从第 6 年开始，反应变为正，这说明城镇化发展最终还是靠城镇人口的增加，但在一段时期内，由于城镇建设还跟不上城镇人口的增加，可能存在一定的负向方面的影响。城镇化发展对农民纯收入增长率（INC）在短期内反应比较显著，并在第二期达到最高值，第 2—8 年趋于平稳，在第 8 年以后，影响又小幅回升。城镇化发展（Y）对第一产业劳动生产率增长率（PRO）在前 6 年的反应逐年上升，但从第 7 年开始，逐年下降，这与近年来大量的农民工外出打工，而导致一些城镇衰落比较相符合。城镇化发展（Y）对财政支农（BUG）前 7 年冲击逐年上升，在第 7 年达到最高值，但第 7 年后开始下降，说明从长期看，财政支农对于城镇化发展的推动作用并不显著。

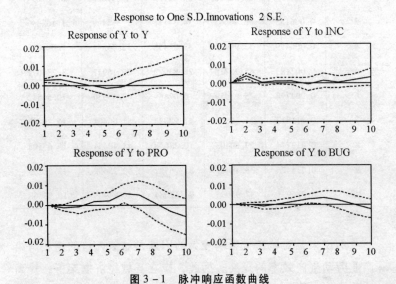

图 3 - 1　脉冲响应函数曲线

表 3 - 5 是农村城镇化率（Y）的方差分解，方差分解结果表明，城镇化发展独立性较强，受自身影响较大，在短期和长期内，影响达到 40% 左右，农民纯收入在短期内对城镇化影响较大，4 年内贡献率在 30% 以上，但长期则逐年递减，从第 7 年开始一直在 10% 左右。第一产业劳动生产率增长率短期内影响较小，但长期却影响较大，从第 6 年开始，在 40% 以上。财政支农对城镇化的贡献一直较小，前 5 年在 4% 以内，第 5—10 年在 15% 以内。总之，从长期看，城镇化自身以及第一产业劳动生产率增长率对城镇化贡献最大。

表 3 - 5　　　　　城镇化增长率（Y）方差分解（%）

时间（年）	标准差	Y	INC	PRO	BUG
1	0.002784	100.0000	0.000000	0.000000	0.000000
2	0.005793	56.72355	38.38709	4.827668	0.061697
3	0.006155	58.96003	34.34116	5.535469	1.163346
4	0.006499	52.90491	33.25436	12.74391	1.096818
5	0.007183	47.25718	28.83928	20.16947	3.734071
6	0.009798	25.95959	16.02469	47.45030	10.56542
7	0.011812	21.68810	11.98083	51.06404	15.26703
8	0.012744	29.60403	10.33638	44.40454	15.65505
9	0.014426	38.48463	8.896351	40.25699	12.36203
10	0.016971	37.95035	9.167684	41.94308	10.93888

　　总的说来，对城镇化影响较大的因素是城镇人口的增长与第一产业劳动生产效率的提高。因此，应在县域经济框架下，提高城镇聚集力，增加城镇基础设施建设等措施，鼓励农村居民在城镇定居。而第一产业劳动生产率的提高可以解放劳动力，使农民有足够的时间到城市或者集镇务工，这也在很大程度上促进了农村城镇化水平的提高。

　　而农村居民纯收入增长对城镇化作用并不十分显著，消费作为经济增长的动力机，其应有的力量还远未充分发挥出来。笔者认为，这主要是因为农民收入增加后，大多用于老家的住房建设等，直接参与城镇建设的不多。财政支农效果也不明显，这一方面说明财政支农结构不甚合理；另一方面，也表明城镇化不能全靠政府支持，自下而上地以当地的民营经济作为城镇化主动力才是城镇化的根本途径。

第二节　湖北与浙江初始动力因子差距的一般表述

如前所述，对城镇化发展影响较大的因素是城镇人口的增加与第一产业劳动生产率的进步，因此，可以认为，农业劳动效率的增长实质上为城镇化提供了初始动力。

初始动力水平是促进农业发展的能力，指在现代科学技术基础之上，通过把传统的不发达农业转变为具有当代世界先进水平的发达农业、生产手段从原始落后的技术和装备向现代的科学技术和装备转变、经济形态由传统的自给自足的自然经济向社会化的商品经济转变、经营管理方法向运用与现代市场经济相适应的科学管理方法转变，以达到促进城镇化发展能力的目的。

初始动力水平的主要依据是：一方面，在现代社会条件下，农业生产活动同城镇化的生产活动紧密结合，农工商、贸工农生产经营方式使得作为第一产业的农业部门在地域上同当地城镇相互渗透、交叉、融合。另一方面，城镇作为生产、生活的载体，有一定的相对独立性，反过来推动农业现代化。这说明，城镇化发展过程不仅是技术发展过程，也是农业生产关系的发展过程，是社会经济的发展过程，是技术、经济、社会条件互相促进又相互制约的发展过程。因而，初始动力的内涵就应当包含一些必不可少的社会经济内容，必须把农村社会经济的全面进步作为基本实现农业现代化的目标。

我们评价湖北与浙江农村城镇初始水平，主要选择一些与农民生活、农业生产等密切相关的指标。包括农民人均收入水平（以人均纯收入表示）；农业现代化水平（分别以亩均农业机械总动力、有效灌溉面积占耕地面积比重、亩均农村用电量、第一产业劳动生产率等表示）。

一　湖北与浙江农民收入水平比较

从以上的分析中我们可以看到，从长期看，农民纯收入对城镇化还是起正向效应的，并且这种正向作用趋于稳定。在短期内，之所以影响力有限，在笔者看来，还是由于农村土地制度不

表3-6　　　　　湖北与浙江农民收入水平发展过程比较

年份	农民人均纯收入		湖北与浙江农民收入对比系数（HBINC/ZJINC）	年份	农民人均纯收入		湖北与浙江农民收入对比系数（HBINC/ZJINC）
	湖北（HBINC）	浙江（ZJINC）			湖北（HBINC）	浙江（ZJINC）	
1978	106.50	165.00	0.645455	1992	677.82	1359.13	0.498716
1979	159.70	195.00	0.818974	1993	783.18	1745.94	0.448572
1980	169.88	219.18	0.775071	1994	1172.74	2224.64	0.527159
1981	217.40	286.00	0.76014	1995	1511.22	2966.19	0.509482
1982	286.10	346.00	0.826879	1996	1863.62	3462.99	0.538153
1983	299.20	358.90	0.833658	1997	2102.23	3684.22	0.570604
1984	392.30	446.40	0.878808	1998	2172.20	3814.60	0.569444
1985	421.24	548.60	0.767845	1999	2217.10	3948.4	0.561519
1986	445.10	609.30	0.73051	2000	2268.59	4253.67	0.533325
1987	460.66	725.13	0.635279	2001	2352.16	4582.34	0.51331
1988	497.84	902.36	0.551709	2002	2444.06	4940.36	0.494713
1989	571.84	1010.72	0.565775	2003	2566.76	5389.04	0.476293
1990	670.80	1099.04	0.610351	2004	2890.00	6096.01	0.474081
1991	626.92	1210.77	0.517786				

完善、社会保障制度不健全等因素，使得农民不敢在城镇消费，加之农民投资渠道比较狭窄等，农民只能把手中的余钱要么存在银行中，要么投资于住宅建设。因而，农民纯收入增长对城镇化作用还没有完全发挥出来。如果通过制度创新鼓励农民在城镇投资与生活，使农民收入真正与城镇联结起来，农民增收必然会对城镇化起到更大的作用。

在城镇人口与农村居民纯收入两变量之间进行相关性分析，Pearson 相关系数、Kendall 相关系数、Spearman 相关系数分别为0.986、0.972、0.991（双尾检验），且在 1% 水平上都显著。这说明城镇人口数量与农民纯收入存在很强的正相关关系。从图3-2和图3-3可以看到，改革初期，湖北农民纯收入与浙江差距不大，在 1984 年湖北农民纯收入占浙江农民的 87.9%，表明农村市场化改革通过调动农民从事农业生产的积极性，也曾经给湖北农民带来了很大的实惠。但从 1985 年开始，湖北与浙江的差距越来越大。显然，农民收入增长缓慢阻碍了湖北农村城镇化步伐。

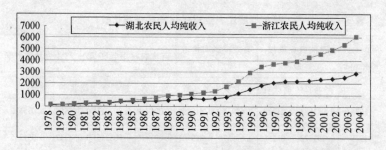

图 3-2 改革开放以来湖北与浙江农民收入增长情况

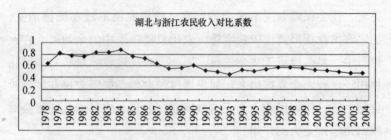

图 3-3　湖北与浙江农民收入对比系数

二　湖北与浙江农业现代化水平比较

上一节研究表明，城镇化对第一产业劳动生产率脉冲反应比较强烈，但第一产业劳动生产率离不开农业现代化水平。为了进一步比较湖北与浙江农业现代化情况，我们选择亩均农业机械总动力、有效灌溉面积占耕地面积比重、亩均农村用电量、第一产业劳动生产率等代表农业现代化水平。具体数据见表 3-7。

表 3-7　　　　湖北与浙江农业现代化发展进程比较

年份	亩均农业机械总动力		有效灌溉面积占耕地面积比重		亩均农村用电量		第一产业劳动生产率	
	湖北省	浙江省	湖北省	浙江省	湖北省	浙江省	湖北省	浙江省
1978	0.083884	0.213781	0.689456	0.818896	0.001749	0.007013	0.041554	0.035632
1979	0.191072	0.2565	0.699378	0.829706	0.001916	0.008216	0.058237	0.051345
1980	0.206641	0.293303	0.704997	0.836338	0.002571	0.009616	0.048994	0.049888
1981	0.215088	0.321452	0.709565	0.836944	0.002997	0.013298	0.058289	0.05477
1982	0.2212	0.345759	0.716594	0.838745	0.003332	0.014347	0.067162	0.065981

续表

年份	亩均农业机械总动力		有效灌溉面积占耕地面积比重		亩均农村用电量		第一产业劳动生产率	
	湖北省	浙江省	湖北省	浙江省	湖北省	浙江省	湖北省	浙江省
1983	0.227558	0.375603	0.72341	0.839629	0.0044	0.015369	0.069488	0.062874
1984	0.237737	0.413257	0.727804	0.846747	0.004202	0.017797	0.084904	0.083319
1985	0.254125	0.456017	0.73004	0.860017	0.004681	0.022649	0.104421	0.097294
1986	0.28108	0.506789	0.732408	0.853461	0.005175	0.02499	0.117235	0.106876
1987	0.300691	0.558544	0.728779	0.855988	0.005585	0.032672	0.129829	0.125321
1988	0.32777	0.619596	0.728207	0.854515	0.007083	0.035025	0.148764	0.152617
1989	0.319801	0.654703	0.735857	0.855351	0.006772	0.037683	0.161418	0.158521
1990	0.316276	0.705361	0.680669	0.856991	0.007826	0.040289	0.155635	0.16568
1991	0.32411	0.737873	0.673921	0.86073	0.008041	0.048962	0.147201	0.179387
1992	0.327598	0.799441	0.688631	0.865488	0.009022	0.057946	0.162119	0.193212
1993	0.326871	0.853517	0.660263	0.872154	0.009847	0.069467	0.19045	0.254635
1994	0.336571	0.915541	0.694842	0.873272	0.012099	0.089895	0.284828	0.371887
1995	0.349713	1.013642	0.699935	0.877105	0.014104	0.104568	0.365215	0.485874
1996	0.364918	1.058131	0.702501	0.872492	0.01512	0.112283	0.42713	0.539412
1997	0.381768	1.074987	0.704633	0.871386	0.016581	0.11791	0.461712	0.572619
1998	0.398508	1.11491	0.649776	0.868523	0.016966	0.124523	0.464012	0.569358
1999	0.411944	1.194187	0.643508	0.870571	0.017107	0.136576	0.40555	0.586128
2000	0.430709	1.237957	0.631299	0.872901	0.018538	0.158793	0.407544	0.684722
2001	0.453058	1.259626	0.625351	0.876694	0.018555	0.178119	0.422312	0.713614
2002	0.503356	1.28397	0.648504	0.879139	0.019631	0.213306	0.427811	0.783924
2003	0.547792	1.281093	0.673718	0.881706	0.020805	0.256912	0.4805	0.881324
2004	0.572038	1.270747	0.669847	0.880847	0.020956	0.276628	0.609773	1.046623

资料来源:《湖北省统计年鉴》(各年)、《浙江省统计年鉴》(各年)。

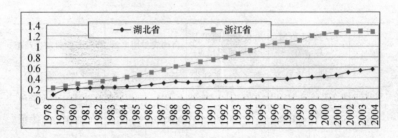

图 3 - 4 改革开放以来湖北与浙江亩均农业机械化比较

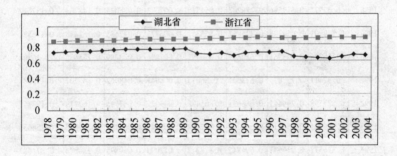

图 3 - 5 改革开放以来湖北与浙江有效灌溉面积占耕地面积比重进程比较

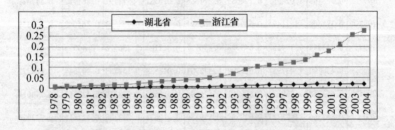

图 3 - 6 改革开放以来湖北与浙江亩均农村用电量进程比较

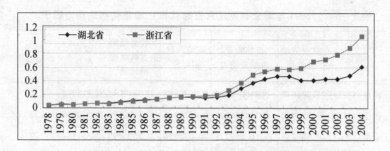

图3-7　改革开放以来湖北与浙江第一产业劳动生产率进程比较

从表3-7的数据与图3-4、图3-5、图3-6和图3-7可以明显地看到，湖北亩均农业机械总动力、有效灌溉面积占耕地面积比重、亩均农村用电量、第一产业劳动生产率等四方面的指标都远远落后于浙江，这使得农业作为第一产业能够为城镇化提供要素的能力受到限制，从而影响到农村城镇化进程。

三　湖北与浙江农业现代化水平的横向比较

农业现代化是农村城镇化的初始动力，对湖北与浙江两省农业现代化程度进行横向比较很有意义。本书将湖北与浙江两省的28个地（市）排在一起进行综合比较，并企望从中发现一些规律。考虑到本书研究的目的，现代化指标以体现农业发展水平的生产条件指标（亩均农业机械总动力、有效灌溉面积占耕地面积比重、亩均农村用电量）和体现农民能力水平的素质指标（第一产业劳动生产率）进行衡量。对于评价指标的权重，综合学术界的研究成果，亩均农业机械总动力为0.2，有效灌溉面积占耕地面积比重为0.2、亩均农村用电量为0.2，第一产业劳动生产率为0.4。详细的评价结果见表3-8。

表 3 - 8　　2004 年湖北与浙江两省地（市）城镇化初始动力因子

地区	农业劳动生产率	亩均农业机械总动力	亩均农村用电量	有效灌溉面积占耕地面积比重	综合得分	综合排名
武汉（WH）	1.208972	0.846052632	0.0599687	0.771004	0.818994	10
黄石（HS）	0.720822	0.578196501	0.0829314	0.450067	0.510568	23
十堰（SY）	0.488217	0.559211	0.013694	0.256569	0.361182	27
荆州（JZ）	0.835076	0.528051169	0.0180129	0.77847	0.598937	20
宜昌（YC）	0.799058	0.683818998	0.0147728	0.418171	0.542976	21
襄樊（XF）	1.004657	0.515283398	0.0098117	0.710112	0.648904	16
鄂州（EZ）	0.9832	0.926176176	0.0725701	0.757508	0.744531	13
荆门（JM）	1.283878	0.649865456	0.0142891	0.703482	0.787079	11
孝感（XG）	0.818252	0.593060719	0.0186871	0.887237	0.627098	17
黄冈（HG）	0.683439	0.432666324	0.0217499	0.688521	0.501963	24
咸宁（XN）	1.06594	0.691787288	0.020307	0.67865	0.704525	14
随州（SZ）	0.84622	0.488238753	0.0147317	0.84703	0.608488	19
恩施（ES）	0.662306	0.261954673	0.0070189	0.225092	0.363736	26
仙桃（XT）	1.042149	0.827170062	0.0322919	0.935341	0.77582	12
天门（TM）	0.854878	0.614589104	0.0113636	1.0000	0.667142	15
潜江（QJ）	0.767606	0.687245897	0.0193179	0.8181	0.611975	18
神农架（SNJ）	0.308582	0.515789474	0.0071895	0.015038	0.231036	28
杭州（HZ）	2.705174	1.567348051	0.359662	0.914745	1.650421	1
宁波（NB）	2.714516	1.290845337	0.4011088	0.837803	1.591758	2
嘉兴（JX）	2.379524	0.808670082	0.2354866	0.906991	1.342039	3
湖州（HZ）	1.337613	1.062089218	0.1698364	0.876731	0.956777	7
绍兴（SX）	1.745543	1.166129994	0.5756112	0.882349	1.223035	4
舟山（ZS）	1.365357	1.127478754	0.3048159	0.532578	0.939117	8
温州（WZ）	1.356057	1.226093495	0.2813009	0.791891	1.00228	6
金华（JH）	0.9953	1.08691978	0.1382266	0.945675	0.832284	9

续表

地区	农业劳动生产率	亩均农业机械总动力	亩均农村用电量	有效灌溉面积占耕地面积比重	综合得分	综合排名
衢州（QZ）	0.463888	0.755981336	0.0619478	0.897449	0.528631	22
台州（TZ）	1.10516	1.797891874	0.2532472	0.870112	1.026314	5
丽水（LS）	0.36362	0.736187381	0.0386641	0.899585	0.480335	25

资料来源：《湖北省统计年鉴》（2005年）、《浙江省统计年鉴》（2005年）。

从表3-8的排序结果可以看到，在两省共28个地（市）中，湖北农业现代化水平大大地落后于浙江，条件最好的武汉也仅列第10位。农业现代化水平滞后是阻碍城镇化发展的一个重要原因。

第三节 湖北与浙江农村城镇化初始动力因子差距的形成机理

一 农业现代化作为城镇化初始动力机制的机理

农村城镇化离不开农业的发展。农业的发展主要表现为农业剩余的增加、农业的商品化、农业资源的开发和集约化经营等几个方面，这些都是农村城镇化发展不可缺少的重要条件。农业剩余的存在是农村城镇化推进的必要前提。这里所说的农业剩余既包括农产品的剩余，也包括农业劳动力和农业资本等的剩余。农业对农村城镇化的贡献主要体现在以下四个方面：其一，农村城镇化的推进需要农业为其提供充足的食物和工业生产原料；其二，农村城镇化的推进需要农业为其提供市场；其三，农村城镇化的推进需要农业为其提供生产要素；其四，农村城镇化的推进需要农业为其提供外汇方面的支持。

在传统的农业社会时期，农村城镇化发展表现为"自上而下农村城镇化"模式，而农业对城镇化的推动作用表现为非市场化、行政化特征。农业为城镇化发展提供剩余的方式主要为以下四种方式：一是赋税方式，即农民通过向政府缴纳赋税提供剩余。二是价格方式，即农业剩余通过价格"剪刀差"使财富由农业流向工业，由农村流往城市。三是储蓄方式，即通过吸收农民在金融机构的存款和对政府及企业债券的认购提供剩余。四是财产剥夺方式，即政府当局凭借行政权力使农民无偿放弃财产向非农产业和城市提供剩余。

随着农业现代化、商品化与产业化的发展，"自下而上农村城镇化"的运动正在蓬勃开展，农业本身作为城镇化初始动力因子，其作用显著增强。

农业现代化促使传统农业向现代农业转型，同时，传统的生产生活方式向城镇过渡。传统农业的主要特征表现为：其一，农业生产要素的边际收益率极低，在传统农业中，农民没有增加要素积累和投入的激励，农民普遍存在储蓄、投资不足。其二，长期停滞不前的传统农业技术，农业技术进步缓慢，农业以土地和劳动作为主要生产要素，劳动生产率水平很低，产出仅够维持生存。其三，大部分社会劳动力都不得不被固定在土地上。因而，传统农业必然导致农村城镇发展缓慢。而农业现代化改变了农业生产方式以及农村居民生活方式。

农业现代化首先必须实现自给自足的农业生产向商品化、市场化生产转型。农业生产目的的改变，也是技术进步、结构调整以及组织方式改革的动力。其次，农业现代化必然导致农业生产的技术变革——用机器替代人力，用新要素替代土地，技术变革是大多数生产率长期增长的源泉，传统农业下原有技术水平生产要素的投入，只能最终导致很低的边际收益。而农业现代化则主要应依赖于向农业投入新的更有利的要素，那就是农业生产技术。再次，农业现代化必将带来农业生产结构的调整。随着现代化带来的对农产品需求数量和结构的改变以及农业本身商品化程度的不断提高，农业的生产结构会发生重大改变，总的趋势是：林、牧、渔业在农业中的比重将上升，而种植业的比重将会下降；经济作物的比重将上升，而粮食作物的比重将下降；直接生产部门的比重将下降，间接服务部门的比重将上升。同时也会带来生产要素在农业中的重新配置。因此，传统农业向现代农业转变的过程，也必然导致城镇化快速进步。

农业产业化是农村城镇化的直接原因和根本动力。农业产业化是把农业发展成为生产、加工、销售等各个环节紧密结合起来的具有一定规模的农业，即社会化的农业；把产业链条拉长是农业结构调整中最重要的部分，将千家万户的分散经营与购销、加工企业联系在一起，通过农业"龙头"带基地，基地联农户。从农村城镇化角度看，农业产业化是能够同时兼顾城镇化与农业发展的一种有效形式。按照工业在区位上集聚布局的原理，农产品加工业一般是布局在城镇，或农产品加工企业在一个地域点上，集中布局的结果使这个地域点发展成为城镇，这样通过农业产业化的发展就会带动农产品生产的发展，这样导致的结果：一是农业大量低素质劳动力将不能适应这种社会化大生产，同时生产资料（主要是土地）将被集约化生产基地合并，落后的生产工具将被淘汰；二是富余农民获得一定经济补偿之后必将拥入城镇寻找就业门路，并逐步转化为城镇居民，从而推动城镇的形成；三是农业产业化还有利于打破城乡阻隔，实现城乡之间资源的合理配置，加快城乡一体化进程。另外，农业产业化公司引起的人员及资金的汇集，能促进农村向城镇的转化。产业、人口、资金的相对集中，产生显著的空间聚集效应和规模效应。这正是农业产业化引起农村小城镇兴起的内在经济原因。

二　湖北与浙江农村城镇化初始动力机制差距

　　农村城镇化发展，就好像动植物生长一样，有一定的规律，而动植物生长常用 Logistic 函数表示。Logistic 函数，也被称为生长曲线函数，美国生物学家和人口统计学家雷蒙德·珀尔（Raymond Pearl）于 1920 年首先在生物繁殖研究中发现，后被广泛应用于生物生长过程和产业成长过程的描述。农业产业系统可以看做是由众多具有某种相同特征的农户、农场及其关联关系构成的，它是社会经济系统的子系统。经济发展的历史表明，农业产业系统的发展一般要受到自身的生长能力和资源环境的制约从而其演化过程具有有限性，农业产业系统中的产品数量、单位资本产出率、劳动产出率等产业发展的状态变量指标值的提高都是有限度的。有关研究表明，产业系统的演化一般要经历孕育期、成长期、成熟期和衰退期等过程，演化的整个过程呈现为"S"形曲线，也可以用一种 Logistic 方程来描述。

　　农村城镇化是离不开农业现代化的。在城市化理论研究中，一般将城市化进程划分为三个阶段：城市化水平在 30% 以下为城市化的初期阶段；30%—70% 为城市化的中期阶段；70% 以上为城市化的后期阶段。在城镇化初期阶段，城镇化以较缓慢的速度增长，在中期阶段，城镇化以递增的速度增长，在城镇化的后期阶段，城镇化以递减的速度增长。农村城镇化图形也符合 Logistic 曲线的特征，当两条 Logistic 曲线交互作用、叠加在一起时，我们可以认为，农业对城镇化的推动力也是表现出 Logistic 曲线特征的。

　　农业现代化进程也符合 Logistic 曲线的特征，而且湖北与浙江农业当前都处于一个加速发展期，差别在于浙江走在了前面，而湖北则刚刚摆脱缓慢推进的阶段。因此，农村城镇化水平与农业现代化进程的关系可以用图 3-8 表示：

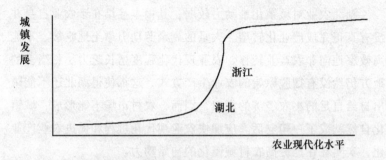

图 3-8　城镇化与农业现代化的 Logistic 关系

　　图 3-8 清楚地表明，从农业现代化发展过程对于城镇化的推动作用看，表现为三个阶段：初期阶段，这一阶段的主要特征是农业现代化对于城镇化推动作用较小，城镇化主要靠自上而下的方式进行。中期阶段，这一阶段的主要特征是农业现代化对于城镇化推动作用较强，城镇化发展主要靠自下而上的市场力量推动。成熟阶段，这一阶段的主要特征是农业现代化发展水平和城镇化率都已经相当高，双方已经进入一种稳态协调发展时期。

　　从前面的分析中我们已经知道，湖北农村城镇化水平落后于浙江，农业现代化程度较低是一个初始原因。因而，提高农业现代化发展水平，加速农业产业化进程是提高湖北农村城镇化的一个重要途径。从图 3-8 中还可以看到，由于湖北农业生产力还处于较为低级的程度，其对城镇化提供的支撑也较弱；相反，浙江农业生产力水平已经达到了中等程度的现代化水平，其对城镇化提供的支撑动力已经开始加速增长。

第四节　提高湖北农村城镇化初始动力机制的对策

湖北农业对城镇化推动力较弱,其根本症结在于农业自身并没有真正完成产业化转型。大量的剩余劳动力靠土地吃饭、不能高效率地向非农产业转移,农业现代化程度增长乏力、相当多的地方仍然没有摆脱原始的农业生产方式,这都使得湖北还不能跳出自给自足的小农经济的窠臼,因而,农村市场不能形成,城镇化自然就成了一句空话。应加快农业现代化进程和促进农业产业化,实实在在地提高农村城镇化的初始动力。

1. 加快农业现代化进程

加强农业基础设施建设,要充分认识农业基础设施是农业现代化进程的"先行资本",不断改善农业生产条件和生产环境,不断加强道路、农田、水利等基础设施建设是农业现代化的必要条件,要坚持不懈地开展农业基础设施建设,特别是农田水利的基础设施建设,要巩固和完善现有的水利设施,努力扩大农田灌溉面积,建立旱涝保收的高产农田,不断提高农业的集约化经营水平,用先进的物质技术装备农业。

加强农业基础设施建设,关键是要解决投入问题。在投资方式上,要创新机制,充分发挥政策引导和市场机制"两只手"的作用,以优惠的政策吸引个人、集体、外资等各类经济主体投资农业基础设施建设。政府、集体和农民应各尽所能,同时按照谁受益、谁出钱(或出工)的原则和方式,鼓励和引导企业、个体大户或富裕的农民以独资或股份制的形式投资于农业基础设施建设,形成投资主体多元化、建设项目业主化、筹资方式社会化、运行机制市场化的局面,使其成为具有一定自我积累、自我发展能力的基础产业。

准确选择实现农业现代化的技术道路。从国际农业现代化发展经验看，农业现代化的道路主要有高度机械化的美国式道路；高度生物化、化学化、小规模集约经营的日本式道路；农业机械化和生物化、化学化并重的德、法、英式道路等。从湖北人多地少的省情出发，在不放弃实现农业机械化的同时，应走以生物、化学、生态农业为主的集约化经营的道路，提高单位面积产量和效益，采用良种，强调生物、化学、生态等技术手段，是实现湖北省农业现代化的现实选择。

建立高效的现代化农业科技体系和创新体系。技术进步是推动农业生产率提高的重要力量，在实现湖北省农业现代化的过程中，要努力把现代生物技术、科学管理技术等全面推广到农业中来，建立一个以市场配置资源为主，科研与教育、推广、生产密切结合，富有创新活力的科技体制。农业科研的主攻方向，应当调整到以提高农产品质量和效益为主的轨道上来，着力解决农副产品加工技术落后的问题。加大对广大农民的农业科技知识普及教育，建立推广和培训相结合的农业技术中心，加快农业技术的推广工作，使广大农民都能掌握必要的农业新技术和市场经济知识。

2. 加快发展农业产业化

选择一条适合湖北省农村现状的产业化发展道路。除美国、加拿大及一些人口少而土地广大的国家有条件实行农业的大规模资本主义发展外，许多欧美发达国家都采用合作制的方式发展农业生产和经营，实现农业产业化。借鉴国外的经验，结合湖北省的实际情况，将公司制与合作制结合起来，实现紧密型的农业产业化，是一条比较好的发展道路，具体来说，可以从以下几方面入手：一是由农民自己组织合作社，由合作社创办龙头企业，企业是合作社的一部分；二是由乡村集体经济组织出资创办龙头企

业，吸收农户直接入股，企业与农户也能形成共同体；三是通过
社区政府协调，将原有的龙头企业与社区内的服务组织、农户等
共同组成股份合作制企业，企业与农户形成利益共同体这几种形
式都是紧密型的生产经营一体化形式，其内部分配机制也比较科
学合理。

抓住联动的龙头企业，促进城镇的产业化升级。龙头企业是
产业化体系的核心，其市场竞争能力直接决定着农业产业化经营
的水平。同时，龙头企业又是城镇发展的经济支柱，是推动城镇
各项事业发展的原动力和加速器。因此，要加大政策扶持力度，
支持多样化的龙头企业和产业化组织发展。鼓励各类农业产业化
组织大力发展农产品加工、贮藏、保鲜和运销业，特别要大力发
展农产品精深加工和现代营销业，创造名牌产品。

3. 鼓励土地适度规模经营

农地适度规模经营是市场经济竞争法则、资源优化配置、提
高经济效益的内在要求，是传统农业向现代农业过渡的必然选
择，是农村城镇化的必然要求。农地适度规模经营从哪里开始，
农村城镇化便从哪里开始，其广度和深度直接影响着农村城镇化
进程的快慢。具体来说，有以下几点：其一，应确定科学、合理
的被占用耕地的补偿标准，使耕地占用成本（或补偿费用）成
为调节交易双方利益的有效杠杆。这就首先要求确立农民的市场
经济主体地位，让他们能够平等地参与市场交易活动，避免土地
被廉价或无偿占用，造成土地的无序流动。同时，完善土地转让
制度，建立土地一级拍卖市场，使交易价格形成机制公平合理。
其二，通过利益机制增加第一产业就业吸引力，使农村劳动力在
农业与城镇主体产业之间形成良性的双向流动。农村劳动力在城
镇化建设中之所以大量流失，根本原因在于城镇主体产业有相对
较高的劳动生产率和较高的报酬率。要从根本上改变这种劳动力

单向流动的现象，就必须通过一系列优惠政策，如免费培训，农业高新技术推广、名优特新产品奖励或补贴等，增加农业生产的实惠，缩小城乡收入差距。其三，鼓励有实力的农户单个或联合进行承包地外的农业基础设施及大型农具的投资，谁投资谁受益，拓宽农户的投资范围，也可实行投资主体多元化，采取措施吸引城镇各方来进行长期投资，如 BOT 方式，从而促进资金向农业产业流动。

第四章

湖北与浙江农村城镇化
根本动力机制比较

　　农业革命只是使城镇诞生于世界，并没有使城镇成为世界的主宰，只有产业革命的巨大威力，才结束了田园牧歌式的封建时代，引起整个生产方式与生活方式的变革；同时，也只有靠产业革命的不断推动，才真正导致城乡分离与城镇化的产生与发展。

　　工业生产的集中性和大规模是生产力发展的客观要求，工业生产必然向城镇集聚，推动城镇化的发展，这是由城市特点和工业生产的性质决定的。城镇化的本质就是资源和经济要素在地理空间上的积聚，城镇化进程也是资源和经济要素的重新配置过程。工业经济是规模经济和集聚经济，需要集中于一定的地域。一方面，工业是一种具有高度协作性的共同劳动，这种共同劳动需要生产资料和劳动在一定地域的集中。另一方面，在交通不太发达的情况下，生产的集中必然会带来居住的集中。工业生产不是在农村集中，而是在向城镇聚集，这是由于农村与城镇具有不同的特点。农村的根本特点是孤立和分散，城镇的根本特点是集中。这一集中或集聚过程不仅表现为生产的集中，而且还必然引致人口的集中、消费的集中、财富的集中和政治的集中，从而成为城镇形成和发展的必要前提，也为资源在一定区域的聚集产生巨大的外部效应，成为城镇化发展的主要动力。

第一节 农村城镇化根本动力机制优先序

一 指标的选取与研究方法

为了揭示城镇化发展与城镇化根本动力机制之间的关系，本书采用下列指标，并运用计量经济分析方法进行研究。城镇化水平作为外生变量，用城镇化增长率（Y）、城镇人口增长率表示，而城镇化根本动力机制分别用第二产业国内生产总值增长率、第二产业劳动生产率增长率、第二产业劳动力增长率、城镇固定资产投资增长率、城镇居民人均可支配收入增长率表示。数据来源于《中国统计年鉴》（1996—2005 年），由于多项指标受价格因素限制，为了消除价格影响，分别用价格指数进行平减，具体数据见表 4 - 1。

大多数关于农村城镇化影响因素的实证研究都采用回归分析方法。回归分析是一种通用的方法，但也有以下不足：其一，要求大量数据，如果数据少则难以找到统计规律。其二，要求数据分布是典型的，或者是线性的，或者是对数的，或者是指数的。其三，有可能出现反常的情况，这是因为回归分析的计算主要是数据的幂和四则运算，在运算过程中计算误差容易出现极差现象，以致正确现象受到歪曲和颠倒。灰色关联分析方法弥补了回归分析所导致的缺憾。无论样本量多少或有无典型的分布规律，这种方法都可以应用，而且计算量小，计算十分简便。

灰色关联分析是以关联度计算为基本手段的一种灰色系统分析方法，它把事物看成一个动态、发展的系统，对事物之间的变化情况进行定量的描述，对事物的发展状态进行量的比较。其基本思想是根据序列曲线几何形状的相似程度来判断其联系是否紧密，曲线越接近，相应序列的关联度就越大，反之就越小。具体

表 4 - 1　　　　我国城镇化发展及其根本动力机制关系

年份	城镇人口	城镇化增长率(Y)	第二产业国内生产总值	第二产业国内生产总值增长率	第二产业就业人口	第二产业劳动生产率	第二产业劳动生产率增长率	第二产业劳动力增长率	城镇固定资产投资	城镇固定资产投资增长率	城镇居民人均可支配收入	城镇居民人均可支配收入增长率
1995	35174	1.029	25055.22	1.326	15655	1.600461	1.297	1.022	56212.4	1	2922.709	1.1681
1996	37304	1.061	29984.75	1.197	16203	1.850568	1.156	1.035	64524.81	1.148	3178.336	1.087
1997	39449	1.058	33685.7	1.123	16547	2.035759	1.1	1.021	68982.96	1.069	3277.51	1.031
1998	41608	1.055	35459.69	1.053	16600	2.136126	1.049	1.003	77022.1	1.1165	3257.691	0.994
1999	43748	1.051	37506.39	1.058	16421	2.28405	1.069	0.989	82482.36	1.071	3215.977	0.987
2000	45906	1.049	41074.31	1.095	16219	2.532481	1.109	0.988	86217.97	1.0452	3242.293	1.008
2001	48064	1.047	44972.32	1.095	16284	2.761749	1.091	1.004	100130	1.1614	3264.201	1.007
2002	50212	1.045	48251.54	1.073	15780	3.057765	1.107	0.969	114481	1.1433	3231.995	0.99
2003	52376	1.043	54369.23	1.127	16077	3.381802	1.106	1.019	134550.1	1.1753	3261.451	1.009
2004	54283	1.036	65154.99	1.198	16920	3.850768	1.139	1.052	167016.2	1.2413	3367.771	1.033

注:1. 数据来源于《中国统计年鉴》(各年)。
2. 第二产业国内生产总值用第二产业价格平减指数(以1995年为基期)进行平减。
3. 城镇固定资产投资用固定资产投资价格指数(以1995年为基期)进行平减。
4. 城镇居民人均可支配收入用城镇居民消费价格指数(以1995年为基期)进行平减。
5. 产值单位是亿元,人口单位是万人,增长率单位是%。

而言，在给出主行为序列和影响机制序列数据之后，通过计算主行为序列和影响机制序列之间的关联系数、关联度，确定影响主行为的主要因素和次要因素，从中找到最为关键的因素，如果两个变量间关联度大，则两个变量间因果关系大，反之则小。

计算灰度关联的方法，其步骤可归纳为（邓聚龙，1992 年）：

设原始数据列 $X_0 = \{ x_0(k), k = 1, 2, \cdots, n \}$

比较数据列 $X_i = \{ x_i(k), k = 1, 2, \cdots, n \}$ $(i = 1, 2, \cdots, n)$

第一步 初始化。对原始数据列和比较数据列进行初始化处理，使之无量纲化、归一化。将原始数据列和比较数据列中各时刻的数据分别用 $x_0(1)$ 和 $x_i(1)$ 除之即得（即求这两组数据的定基发展速度）。

第二步 求绝对差 $\triangle_i(k) = | x_0(k) - x_i(k) |$ $(i = 1, 2, \cdots, m; k = 1, 2, \cdots, n)$

第三步 求关联系数 $\xi_i(k)$，取分辨系数 $\rho = 0.5$，计算各比较数据列与原始数据列在各时刻的关联系数，其计算公式为

$$\xi_i(k) = \frac{\min_i \min_k \triangle_i(k) + \rho \max_i \max_k \triangle_i(k)}{\triangle_i(k) + \rho \max_i \max_k \triangle_i(k)}$$

第四步 求关联度 r_i。取 $\xi_i(k)$ 的算术平均值。

第五步 排序。按 r_i 的大小排序，区分其关联程度的大小。r_i 的值越大，说明其关联的程度越大；反之，r_i 的值越小，则其关联程度越小。

按照灰度关联度的计算方法和步骤，分别求得农村城镇化增长率与第二产业国内生产总值增长率、第二产业劳动生产率增长率、第二产业劳动力增长率、城镇固定资产投资增长率、城镇居民人均可支配收入增长率的关联度 r_i 分别为 $r_1 = 0.52573$，$r_2 = 0.65296$，$r_3 = 0.74083$，$r_4 = 0.62129$，$r_5 = 0.54950$。对上述关联

度进行排序，得出 $r_3 > r_2 > r_4 > r_5 > r_1$ 排序结果。

二　结论解释

从以上对中国农村城镇化及其根本动力机制关系实证分析中可以看出，第二产业劳动力增长率对城镇化影响力最大，以后分别是第二产业劳动生产率增长率、城镇固定资产投资增长率、城镇居民人均可支配收入增长率、第二产业国内生产总值增长率。因此，我国在发展城镇化过程中，一定要注意如何提高第二产业劳动生产率。而对于我国广大中部地区的农村城镇化而言，提高第二产业劳动生产率的主要途径就是必须实现乡镇企业在地域上（特别是已经粗具规模的乡镇）集中与聚集。

美国经济学家阿尔弗雷德·韦伯（Alfred Weber）于 1929 年最早提出聚集经济的概念，他在分析单个产业的区位分布时，首次使用了聚集因素。韦伯对聚集的定义是，聚集是由于把生产按某种规模集中到同一地点进行，因而给生产或销售方面带来的利益或造成的节约。聚集能够使企业获得成本节约的聚集经济。当然，聚集经济并不是无条件的，只有把存在着种种内外部联系的工业按一定规模集中布局在特定地点，才能获得最大限度的成本节约，而那种无任何联系的、过渡的偶然性聚集，只会给地区经济发展造成恶果。

从某种意义上来讲，集群的经济效应（简称集聚效应）也可以说是主要表现为集群租金或者可称之为"合作剩余"——各企业通过合作生产、分工以及专业化等非价格机制的组织形式而取得的超过它们各自单个活动收益的总和，它主要是由于"协作力"或"集体力"而产生的效益。就乡镇企业来讲，它的集聚效应具体表现在：一是外部经济效应。乡镇企业聚集的最直接而明显的效应就是企业外部经济。韦伯曾对生产企业的聚集而可能带来的效益作过描述，"聚集使企业便于采用最新技术，使生产进一步专门化；可以更好地开展厂际的分工协作，更合理地组织劳动力，更廉价购入原料，大量运销产品；更易于取得银行的信贷，并且还可以共同使用许多辅助企业与基础设施"。二是生产规模化、专业化和协作化效应。当我们把具有关联度的一组乡镇企业聚集在特定的空间区位上，就意味着已经实现了生产规模化，规模化生产必然与专业化分工协作相联系，于是同类产品或劳务集中到专业化企业中生产，技术不断精深，劳动生产率提高，产品批量扩大，产品成本降低，聚集的乡镇企业群体由此获得规模经济效益和分工协作效益。三是资源优化配置效应。分工协作的规模化聚集实际上是将分散化的生产要素在空间进行优化组合，因而可以改变乡镇企业以往中间产品自制倾向和最终产品的趋同性，形成有关联的产品链。另一方面，协作企业之间的供需关系可以通过协作的量化关系来实现，从而使调整行业结构、产品结构的有效度和准确度大大提高，使区域内出现门类齐全、互不重叠、比例恰当的产业结构成为可能。

第二节　浙江农村城镇化根本动力机制特点

工业化是城镇化的先导，城镇化是工业化的必然结果，工业化为城镇化建设提供了物质基础，支撑了城镇化的发展。浙江农村工业在发展过程中，通过两种形式推动城镇的发展：一是不少乡镇企业是依托原有乡镇发展起来的，大量农村劳动力由农业转移到工业，大量的农民转化为城镇居民，这就壮大了城镇。二是浙江很多地方，由于乡镇工业的快速发展，促进了市场形成，而市场形成又催生了城镇。总的说来，浙江农村工业在推动城镇化过程中，有以下几个方面的特点。

一 乡镇企业的快速发展启动了农村城镇化

新中国成立以来，国家在浙江投资不多，国有大中型企业少。但劳动力资源丰富，人们商品经济观念和经营意识强，能工巧匠众多，这就为发展劳动密集型的农村工业提供了要素供给条件。同时，在 20 世纪 80 年代我国宏观经济是一种典型的短缺经济，各种日常小商品短缺，这又为农村工业的发展提供了市场需求条件。在以上背景下，劳动密集型的乡镇工业应运而生。

乡镇企业的发展，是顺应农村经济内在发展的要求，在长期实行城乡二元结构背景下，为寻求解决农业剩余劳动力出路和进一步提高农村居民收入的需求下发展起来的。其最初的发展思路是把富余农业劳动力从耕地上解脱出来，在农村区域内从事非农产业生产，既可以对丰富的农产品进行加工增值，又可生产出广大农村所要求的非农产品。其突出的特点就是农村剩余劳动力的吸纳和产业的非农化。乡镇企业作为农村非农经济的主体，应是农村城镇化的根本基础和推动力。

20 世纪 80 年代中后期，浙江省政府部门着力于推动乡镇企业发展，出台了一系列有利于乡镇企业发展的政策措施，乡镇企业得以迅猛发展，占工业总产值的比重迅速提高，并形成一定的集聚规模。到 2004 年，乡镇企业达 108.22 万个，从业人员 1176.74 万人，创工业增加值 5311.16 亿元。从表 4-2 可以看到，乡镇企业已经成为浙江解决农村剩余劳动力就业的重要途径，2004 年，乡镇企业从业人员已经占到全社会从业人员的 39.3%，而同期乡镇企业工业增加值占到国内生产总值的 47.24%。

表 4 - 2   2004 年浙江乡镇企业在国民经济中的地位基本情况

乡镇企业单位（万个）	108. 22	各类企业单位（万个）	N. A.	乡镇企业比重	N. A.
乡镇企业年末从业人数（万人）	1176.74	年末全社会从业人数（万人）	2991.95	乡镇企业从业人数占全社会从业人数比重	39.3%
乡镇企业工业增加值（亿元）	5311.16	国内生产总值（亿元）	11243	乡镇企业工业增加值占国内生产总值比重	47.24%

资料来源:《浙江省统计年鉴》(2005 年)。

　　正是乡镇企业的快速发展,为农村城镇化提供了根本动力。具体来说,表现为以下几个方面:

　　第一,乡镇企业快速发展为农村城镇化积累了充足的资金。在浙江小城镇建设中,有一种较为普遍的资金筹措方法,即直接向需要诸如道路、通信、自来水等基础设施服务的居民集资,而这只有在乡镇企业发展壮大、农村居民收入水平有较大提高的基础上才有可能变成现实。而欣欣向荣的乡镇企业正好为浙江农村城镇化提供了强大的资金保障。以温州为例,从表4 - 3可以看出,改革之初乡镇企业生产总值占国内生产总值的 17.7% ,而到 2004 年,这一比例达到 65.4% 。温州农村城镇化之所以取得令世人惊叹的成就,与温州乡镇企业的飞速发展是分不开的。

表 4 - 3　　　　　　　　　温州市乡镇企业基本情况

年份	乡镇企业从业人数（万人）	温州市全社会从业人数（万人）	乡镇企业从业人数占全社会从业人数比重（%）	乡镇企业生产总值（万元）	温州市工农业生产总值（万元）	乡镇企业生产总值占工农业生产总值比重（%）
1978	29.9332	200.71	14.91366	33515	188973	17.73534
1980	33.459	285.8	11.70714	49101	257044	19.10218
1985	49.5155	316.88	15.62595	203862	615418	33.12578
1990	40.6829	346.83	11.72993	510456	1299892	39.26911
1995	67.6794	393.28	17.20896	5005978	7914489	63.2508
2000	94.643	426.97	22.16619	12457865	19015438	65.51448
2004	127.2264	448	28.39875	20353361	31128384	65.38522

　　资料来源:《温州市统计年鉴》（各年）。

　　第二，乡镇企业的快速发展使城镇集聚了足够的人口，促进了广大居民对城镇基础设施需求的增长。浙江乡镇企业尽管其中大部分村办企业布局于农村，但位于小城镇的镇办企业总体规模大，经济效益好，雇用工人多，因而，为农村城镇化发展集聚了大量人口。其中部分人口因收入水平较高而迁入城镇成为城镇常住居民；部分乡镇企业因招募大量外来职工在城镇获得相对稳定的居住权，成为没有城镇户籍但具有城镇人口性质的人群。此外，那些每天早晚往返于城镇与乡村、作"钟摆式"流动的镇办企业职工，虽然居住在农村，但白天在城镇工作，对城镇的各种设施有一定需求，也在一定程度上促进小城镇各项功能的发展与完善。

　　第三，乡镇企业的快速发展促进城镇第三产业发展。乡镇企业发展促进了诸如商业、餐饮业等一些与人们日常生活息息相关的服务业的发展，另外，乡镇企业发展到一定程度后需要各类如审计、金融、法律、财务等生产性服务业的支持。一般来说，在城镇乡镇企业落后的地方生产性服务业中心大多发展于县（市）政府所在地，而生活性服务业则在各镇遍地开花。但浙江由于乡镇企业发展快，生产性服务业与生活性服务业在各个城镇比翼双飞，共同成为农村城镇化的动力源。由于服务业较工业具有更强的吸收人口就业的能力，因而小城镇的人口容量可在原有基础上得以增加，进一步促进了城镇化的发展。

二　制度创新实现了农村工业的城镇极化效应

城镇的极化效应来源于城镇作为经济增长极本身的特性。增长极的概念，是由法国经济学家佛朗索瓦·佩鲁（Francois Perroux）于1955年发表在《经济学季刊》上的一篇题为"经济空间：理论与应用"的论文中首次提出。佩鲁认为，经济发展的速度不可能均匀分布在一个区域内的每一个点上，经济增长是在不同地区、部门或产业，按不同速度不平衡增长。而一定区域内经济发展之所以会出现不平衡现象，主要是因为一些地区特别是一些城镇，能优先聚集推动经济快速发展的主导产业或有创新能力的企业和企业家集团，从而形成"磁场极"式的多功能经济活动中心（即发展极）。

经济增长极能够对该区域的经济发展产生极化效应，增长极的极化效应是通过推进型企业和产业综合体的技术创新活动以及生产的集聚和辐射作用促进和带动区域经济迅速增长的。即增长极能吸引经济发展的各要素由周围落后地区流向发达的经济活动中心地区，使其获得规模经济效益和集聚经济效应。

实际上，早在佩鲁之前，就有学者研究过产业发展对于城镇化的推动作用。例如，威廉森（J. G. Williamson）就曾利用24国统计数据分析得出倒"U"型区域增长模式。他认为，经济发展初期由于"力"和人口分布的不均匀，使得以集聚效果为基础的经济增长不可能不导致区域的不平衡发展。他还指出，区域发展的不平衡是经济增长中的"一种令人讨厌而又不可避免的必经阶段"。

制度创新在推动浙江城镇极化效应方面起到了不可估量的作用。20 世纪后 20 年，浙江乡镇企业发展走的是一条粗放型的工业化道路，由于早期浙江农村工业以劳动投入为主，固定资本投入不多，因而对规模经济和各种基础设施的要求不高，区域布局上的分散性不构成它发展的障碍。相反分散化的就地办工业，可以降低产品成本，如用地成本、劳动成本（劳动者吃、住在本村，劳动力再生产费用低）和当地政府的交易成本等。而就地办工业又符合当时的城乡分割的管理体制和政策取向。这样，浙江农村城镇化表现出"低、散、小"的特点。以致出现了"镇镇像农村，村村像城镇"的城镇化局面。改革开放 20 年后，浙江建制镇数量由 1978 年的 167 个增加到 1999 年的 1006 个，增加了 57 倍。这固然有顺应乡镇企业快速发展的必然性，但规模过小、集聚能力差的问题十分突出。全省县城以下建制镇建成区平均面积 1.86 平方公里，平均总人口 4984 人，其中非农业人口 2270 人。规划区人口在 1 万以下的建制镇占总数的 80%，规划区人口在 0.5 万以下的占总数的 53%。同时城镇布局面过密问题突出。杭嘉湖平原、宁绍平原的城镇平均间距只有 5—6 公里，而从温州龙湾区状元镇到瑞安市城关镇不到 50 公里的狭长地带中，布局了近 20 个小城镇，有些城镇几乎已首尾相接。

西方新制度经济学派认为，经济增长的关键在于制度因素，有效率的制度安排和制度创新能够大大促进经济发展。城镇化作为伴随社会经济发展而发展的社会现象，同样与制度安排及其创新密切相关。针对城镇化滞后于工业化局面，浙江省较早地实行了制度创新，主要包括以下几个方面：一是改革户籍制度，消除人口城镇化的体制障碍；二是积极规划建设各类工业园区，引导鼓励企业向工业园区集聚，实现区域块状经济与城镇化发展的对接；三是建立城镇土地收储制度，盘活土地存量；四是改革由省对县的财政管理体制为市对县的财政管理体制，增强城市实力；五是"撤乡扩镇"、"撤镇建办"、"撤县建区"，适时调整行政区划，促进城镇发展。总之，通过制度创新，有效地促进了要素集聚，盘活了城镇资产，推动了城镇规模的扩大和城镇职能的完善。

经过体制改革，到 2001 年，全省减少乡、镇 323 个，有近六成的中心镇非农人口翻了一番，平均镇域面积、人口规模扩大了一倍以上，小城镇的经济集聚、辐射能力得到很大提高，促进了城乡一体化的发展。同时，随着杭、甬、温三大城市龙头地位的确立，杭州、宁波、温州三大都市区的建设增强了大城市的要素集聚和辐射功能，从而形成了大中小城市协调发展的格局。另一方面，区域块状经济、特色工业园区建设促进了企业空间集聚，实现基础设施的共建共享，提高了土地集约利用和集中整治环境污染的水平。由此我们可以看到，乡镇企业向城镇聚集产生了巨大的社会经济效益，成为支撑近年来浙江农村城镇化与社会经济全面发展的重要动力之一。

三　产业集群推动了农村城镇化分工

20 世纪 80 年代以来，在浙江大地形成了数以千计的各具特色而又蔚为壮观的产业集群。专业化产业区取得了长足进展，尤其是专业村、专业镇作为浙江县域经济发展中的一大特色而备受关注。总结浙江城镇化路子，农村工业的集群式发展无疑为包括湖北在内的广大中西部地区提供了一个光辉的典范。

1. 产业集群的普遍性

产业集群（Industrial Cluster），有时简称集群，用来定义在某一特定领域（通常以一个主导产业为主）中，大量产业联系密切的企业以及相关支撑机构在空间上集聚，并形成强劲、持续竞争优势的现象。集群主要具有两方面的特点：一是专业化的特点，其成员企业包括上游的原材料、机械设备、零部件和生产服务等投入供应商；下游的销售商及其网络、客户；侧面延伸到互补产品的制造商，技能与技术培训和行业中介等相关联企业，以及基础设施供应商等。二是地理集聚的特点，产业关联及其支撑企业、相应支撑机构，如地方政府、行业协会、金融部门与教育培训机构在空间上集聚，是一种柔性生产综合体，往往代表着区域核心竞争力。

产业集群已经成为当前世界经济发展中独具特色的产业组织形式，产业集群不仅发挥了规模经济和范围经济的效益，同时也产生了强大的溢出效应。全球各地有关产业集群现象和成功范例十分普遍，工业化时期，产业集群无所不在、无所不有，如意大利米兰的时装和萨索尔洛地区的瓷砖业，美国加州硅谷和波士顿128 号公路的半导体制造业和计算机公司等，都是产业集群的成功案例。产业集群通过企业群的地理集中和产业组织优化，产生群体协同效应，进而获得直接经济性要素的竞争优势。据统计，在意大利有专业集群地 199 个，其中纺织品类 69 个，鞋类 27 个，家具类 39 个，机械类 32 个，食品类 17 个，其他类 15 个。而美国的产业集中度比欧盟更高，区位基尼系数大于 0.3 的行业就有 50 个，且近年来有逐渐增加的趋势。

2. 产业集群促进农村城镇化的理论分析

亚当·斯密（Adam Smith）最早从分工的角度描述了产业集群现象的存在。在《国民财富的性质和原因的研究》中，他描述道：工人所穿的粗呢绒上衣和牧羊者所用的剪刀这两种产品的生产，是由家庭作坊和手工工场为基本单位的小企业群联合劳动完成的。因而他所指的企业集群是由一群具有分工性质的中小企业为了完成某种产品的生产联合而成的群体。阿尔弗雷德·韦伯（Alfred Weber）从工业区位理论的角度阐释了企业集群现象，他认为，集聚因素可分为两个阶段：第一阶段是企业自身简单规模扩张引起的产业集中化，此为初级阶段；第二阶段主要靠多个企业通过相互联系，以完善的组织方式集聚在某一领域，并引发更多同类企业出现，这时，大规模生产的显著经济优势就是有效的地方集聚效应，从而实现地方工业化，这是企业集聚的高级阶段。美国社会学家弗兰克·法林顿（Frank Farington）早在1915年出版的《社区发展：将小城镇建成更加适宜生活和经营的地方》一书中曾提出：应充分利用工商企业自身的力量，使它们在小城镇的聚集，提高小城镇社区内经济、社会发展水平。

　　20世纪80年代以来，一些西方主流经济学家提出以收益递增、不完全竞争理论为基础，运用经济学的方法研究经济活动的空间集聚和区域增长集聚问题的"新经济地理学"。新经济地理学从规模收益递增和不完全竞争的假设出发，认为外部规模经济和运输成本的相互作用是解释区域产业集聚和区域"中心—边缘"形成的关键。作为"新经济地理学"的基础，报酬递增模型除了用来解释产业活动的集聚或扩散以外，还被用来解释城市增长动力机制。如美国经济学家保罗·克鲁格曼（Paul Krugman）的模型的核心就是：人们向城镇集中是由于这里较高的工资和多样化的商品，而工厂在城市集中是因为这里能够为其产品提供更大的市场。新经济地理学的收益递增、外部经济在区际分工和经济活动的空间集中，为产业聚集及其沿产业链分工与合作产生出集群效应，也为各种经济活动向小城镇聚集、从而建设、发展小城镇，提供了规模效益理论的支撑。而报酬递增模型在解释城市增长动力机制时为产业向小城镇和工业园区聚集、为人们向小城镇聚集提供了理论上的解释。另外，新经济地理学非常关注传统制造业的集聚，认为制造业的空间集聚更具有典型性，其外部经济也更明显。

另外，美国经济学家迈克尔·波特（Michael E. Porter）于1998年从竞争优势理论角度去研究企业集群问题。他认为，集群是提高产业竞争力的重要因素。某一特定产业（通常以一个主导产业为核心）的中小企业和机构大量聚集于某一特定区域，形成了一个稳定、持续竞争优势集合体。其中，集合体的成员包括提供上游零部件产品的供货商、下游的各类分销渠道与客户、提供互补性产品的制造商以及具有相关技能技术等与该产业联系密切的企业和相关支持机构。

3. 浙江农村城镇化过程中产业集群的崛起

在浙江，产业集群所形成的区域块状经济及其所创造的"城镇化奇迹"更是以令人信服的实证展示了产业集群的神奇。浙江的农村工业化一开始走的也是"分散式"的路子，放手让农民就地取材发展乡镇企业，虽然在当时充分调动了农民的个体积极性和创造性，推动了乡镇企业在短时间内的快速发展，但随着乡镇企业的进一步发展，分散布局的弊端日益显露。从20世纪80年代末期起，浙江省就开始按专业化分工协作原则，通过"块状经济"模式，引导乡镇企业由分散逐渐走向专业化和区域化。这种产业集群是由市场选择、当地特定经济条件和社会文化背景决定的，在一定地域空间集聚而形成具有比较优势、能带动当地经济和社会发展的特色产业及其组织形式。当然，浙江产业集群又有其不同于世界其他国家产业集群的独特之处。

浙江产业集群的特点是，以主导产品为核心，以骨干企业为龙头，以专业分工协作关系为纽带，在一个地域内聚集着若干家企业，形成了区域性的企业群，也被称作特色产业集聚区。目前，浙江已在低压电器、光学仪器、打火机、纺织面料、印染、包装、西服、领带、童装、皮鞋、袜子、皮革、小五金、木材加工等领域形成了块状经济。如表4-4所示，据浙江省委政策研究室2002年的调查资料表明，在浙江省88个县市区中，有85个县市区形成了产业集群，年产值超过亿元的有519个，广泛分布在工业中的175个大小行业，所涉及的工业企业23.7万家，吸纳就业人员380.1万人。从产业集群规模看，平均规模达到11.5亿元，三分之一以上的县市区达到50%以上。其中，50%—70%的有17个县市区，占70%—90%的有12个，占90%以上的有2个。如萧山产业集群经济总量550.8亿元，占工业总产值的91.5%，苍南的这一比重更是高达93%。

浙江产业集群使其城镇化过程中"一镇一品、一村一业"的区域块状经济特色十分浓厚，如表4-5所示，柳市镇是东方电器大都会，诸暨大唐镇是国际袜都，桥头镇是东方第一纽扣市场等。在浙江，相当多的城镇已经成为区域或者国内甚至国际上著名的某一品牌商品之都。可以说，浙江专业镇中的产业集群现象，堪称我国改革开放以来经济突飞猛进中的一个最大亮点。

浙江的产业集群经验首先是农村城镇化的重要探索，其次是产业的发展经验。集群是促进农村非农化和产业结构调整的重要方式，只有在集群的促进下，农民才能真正体会到非农产业所带来的经济效益，才能有更多的农民脱离农业生产，转移到非农产业中，也只有这样，农村城镇化的节奏和幅度才能有质的飞跃。具体而言，产业集群在浙江产业生成中起到了以下一些重要作用：

表 4-4　　浙江省产业集群发展基本情况

	市	杭州	宁波	温州	湖州	嘉兴	绍兴	金华	衢州	丽水	台州	舟山	合计
集群(个数)		58	63	91	41	52	41	53	22	19	71	10	521
其中	1亿—10亿	40	50	63	29	34	18	37	22	19	50	10	372
	10亿—50亿	10	10	23	11	13	14	15	0	0	20	0	116
	50亿—100亿	6	3	3	1	5	8	1	0	0	1	0	28
	100亿以上	2	0	2	0	0	1	0	0	0	0	0	5
总产值(亿元)		963	585	981	459	645	1092	473	53	39	680	23	5993
从业人数(万人)		41.1	33.2	56.1	23.0	44.0	63.2	30.0	21.9	18.5	47.4	17.6	396
企业总数(万个)		1.51	1.20	3.23	4.29	3.54	4.15	1.38	0.35	0.27	4.47	0.05	24.44
500万元以上产值的企业数(个)		2937	880	1866	404	755	1017	754	129	101	1407	63	10313
出口比重30%以上的企业数(个)		1039	1060	436	99	6260	554	223	17	300	624	64	10676

资料来源:徐维祥,《产业集群与城镇化互动发展机制及运作模式研究》(浙江大学博士论文,2005年)。

表 4 – 5　　　　　　　浙江省典型专业镇及其产业集群

专业镇	产业集群	集群中的企业数	专业市场的影响力度	荣誉称号
温州柳市镇	低压电器市场	1015 家	低压电器的规模、品种和产值均居全国第一	东方电器大都会
诸暨大唐镇	袜业	1 万余家袜业企业	2004 年，整个大唐袜业拥有万余家袜业企业，生产袜子 75 亿双，创产值 191 亿元，实现销售 187.5 亿元，产量占全国的 65%、全球的三分之一	国际袜都
桥头镇	纽扣、拉链	纽扣、拉链企业 230 多家	2004 年，纽扣年产值达 10 亿元，纽扣产销量占全国的 80% 左右，拉链行业的产值高达 16 亿元	东方第一纽扣市场、中国拉链之乡
苍南金乡镇	标牌、徽章、证件和硬塑产品	台挂历印刷企业有 120 多家，各印刷企业在全国各地设销售点 3000 多个	金乡镇生产的台挂历、笔记本、文具盒等新三小商品占据了国内市场的"半壁江山"，年总产值达 12 亿元，占该镇工业总产值的三分之一	中国徽章之乡
嵊州市	领带		每年生产 1.2 亿条销往国外 80 多个国家。每 5 个中国男人脖子上的领带，就有 4 条产自嵊州；每 3 个穿西服的"老外"中，则有一个靠嵊州领带打扮	中国领带之乡
义乌大陈镇	衬衫		2004 年，大陈的衬衫出口占了金华市衬衫外贸总量的三分之一	中国衬衫之乡
瑞安塘下镇	汽摩配	股份合作企业 522 家，三资企业 6 家。其中，年产值在千万元以上的 22 家	年成交额达 11.04 亿元，经营范围辐射全国 20 多个省市，创华东之最	全国汽摩配主要生产基地

资料来源：表上所有数据都来自于各镇政府网站。

第一，提高了城镇的区域产业效率。由于存在外部经济，产业集群的形成可以降低生产和交易成本，从而提高以地区为基础的企业生产率。在产业集群内，各种相关企业相互集中在一起，进行灵活的专业化分工，从而降低生产成本。同时，由于存在信息溢出效应、专业化供应商、熟练劳动力市场以及社会化的市场组织网络，各种企业的地理集中也能够降低信息搜寻和交易成本。这也有利于降低企业之间的合作成本，尤其是合同谈判和执行成本。

第二，提升城镇的区域创新能力。产业集群不仅有利于提高生产率，也有利于促进企业的创新，提升区域创新能力。产业集群对创新的影响主要集中在两个方面：一方面，产业集群能够为企业提供一种良好的创新氛围。由于存在着竞争压力和挑战，产业集群内企业需要不断进行创新和改进，以适应迅速变化的市场需要。另一方面，产业集群有利于促进知识和技术的转移扩散，从而产生知识"溢出"效应，促进知识和技术的转移扩散。正是这两方面的积极作用，使产业集群区域内创新因素不断涌动，成为集群迅速扩张的支撑动力。

第三，增强城镇的区域竞争能力。产业集群可以降低企业创新的成本，使产业集群内专业化的小企业学习新技术变得更容易和成本更低。产业集群在市场上获得竞争优势体现于所在产业的吸引力、市场竞争地位和议价能力三个方面。首先，在产业吸引力方面，产业集群就有着独特的优势。区域内企业利用地理接近性、正式或非正式的合作，技术标准在集群内容易被认同，区域内企业越多，集群的外部效应就越大，区域内企业能够形成循环累积效应。其次，在市场竞争地位方面，集群通过企业集聚的形式，对内通过前向、后向的垂直联系，形成既类似于大企业垂直一体化的生产过程，同时又通过水平联系合作与竞争，有利于提高整体效率和竞争力。再次，在集群的议价能力方面，集群内的主导产业一般都有较高的市场占有率，可以实现大批量购买，特别在原材料的供应方面，甚至能够对原材料的质量标准、规格、型号等提出统一的要求。同时，集群内也有部分配套的供应商，对集群外供应商构成替代威胁，增强了讨价还价能力。

第四，增强城镇的区域品牌效应。在产业集群内，大量生产企业的集聚是区域品牌形成的基础。由于产业领域比较集中，各产业集群所生产的一些主要产品，一般都在全国甚至世界市场上具有较强的竞争力，占有较高的市场份额，享有相当的知名度。如表4-5所述，柳市镇的低压电器、大唐镇的袜业、桥头镇的纽扣拉链、苍南金乡镇的标牌等，都在世界上具有较好的声誉。随着产业集群的成功，产业集群所依托的产业和产品不断走向世界，自然就形成了一种世界性的区域品牌。这种区域品牌是由企业共同的生产区位产生的，一旦形成之后，就可以为区内的所有企业所享受。因此，这种区域品牌效应，不仅有利于企业对外交往，开拓国内外市场；也有利于提升整个区域的形象，为招商引资和未来发展创造有利条件。

四 案例分析：东方电器大都会柳市镇的城镇化道路

温州柳市镇城镇化的逻辑起点非常低，柳市素有"七分山、二分水、一分地"的说法，人均耕地仅0.27亩，可以说，是全国自然资源最匮乏的乡镇之一。

小城镇发展的真正动力在于经济发展、产业支撑。尤其是乡镇企业和专业市场，是推动农村城镇化的两支主要力量。柳市的城镇化也呈现出阶段性变化的特点，其乡镇工业促进农村城镇化过程大致可分为四个阶段：

第一阶段是20世纪70年代初到1983年，为家庭作坊推进城镇化阶段。要推进城镇化，首要的是要明确城镇化的依托是什么？城镇化的依托是产业的发展和聚集。产业结构聚集效应及其运行机制原理告诉我们，农村城镇化绝对不是为城镇化而城镇化，不能以为把农民转入城镇，建一些企业，修一些马路，盖一些房子，就实现了城镇化。否则，城镇发展起来也是有城无市，没有生命力。因此，发展壮大产业，推动产业聚集，提高产业的关联度是农村城镇化的依托和功能定位的基点。柳市城镇化产业依托是从五金电器开始。"文化大革命"后期，几个柳市人到外地谋生，发现五金电器存在明显的供不应求，就在废品收购站捡了很多废旧五金电器背回柳市，拆拆补补，又拿出去卖，从而获得了五金电器城创业的第一桶金。有了这样的致富信息，本来就没有多少土地的农民便率先放下锄头洗脚上岸，靠"一台电钻、一把螺丝刀"开始了这种初级家庭工业生产。1979年下半年，柳市镇后街出现了第一家低压电器门市部，仅隔一年，该镇电器门市部增加到300余家，1981年发展到800多家，当年乡镇企业产值2200万元。

第二阶段是1984年到1993年，为现代企业制度推进农村城镇化阶段。随着改革开放的深入和经济的高速发展，全国对低压电器的需求不断上升，要求扩大生产规模。在这种情况下，以血缘和亲情为纽带、以股份为形式、聚集闲散资金、适应当时生产力水平的股份合作制企业应运而生。1983—1992年，全镇的股份合作制企业从13家增加到1000多家。"正泰"、"德力西"的前身乐清求精开关厂就是这些股份合作企业的典型代表。

第三阶段是1994年到1995年，为集团化企业推进农村城镇化阶段。随着市场经济的发展和竞争日趋激烈，企业开始组成企业集团，进一步扩大生产规模，降低生产成本，走社会化的专业分工和协作大生产之路。1994—1995年，柳市由最初组建的"正泰"、"德力西"等4家集团增加到23家，其产值占全镇企业产值的 55% 以上。

第四阶段从 1996 年至今，为产业集群推进农村城镇化阶段。产业聚集是工业化发展的内在要求，强化产业结构聚集效应的基本前提是经济成长的聚集点即成长点的创造。要提高结构聚集效应，最重要的一环是各区域要根据实际情况选准聚集点，充分利用产业的外部效应，最大限度地发挥产业结构的整体效应。柳市低压电器经过 20 多年发展，在"正泰"和"德力西"商标获得"中国驰名商标"，正泰、德力西、天正等 3 家企业的 7 个产品获得"中国名牌产品"，60 多家企业商标和多个产品被浙江省、温州市评为著名商标和名牌产品的基础上，2004 年，柳市镇又获得了"中国断路器产业基地"、"中国防爆电器产业基地"两张金名片。到目前为止，全镇通过 ISO—9000 国际质量体系认证的企业 328 家，取得 ISO—14000 国际环境保护管理体系认证的企业 10 家，获得 3C、美国 UL、欧共体 CE 等认证 5000 多张，成为全国持证最多的电器生产基地。电器产业在柳市镇产业聚集基本形成，成为推进城镇化的主导力量。

柳市镇乡镇企业对于农村城镇化起到了巨大作用，城镇建设也迅速发展。1990 年以前，柳市建成区仅 0.49 平方公里，2004 年，新区面积达 6.31 平方公里，是旧城区的 13 倍，镇容镇貌发生了巨大变化。

从柳市镇农村城镇化的发展过程可以看出，产业集群是柳市城镇化快速前进的主要原因。从这里我们就不难得出结论，只有集聚的产业越多、规模越大，产业对农村城镇化的动力才越大；农村城镇化的发展，要使生产要素实现集中化、规模化，以达到经济上的规模效应，也只有产业集群才是最好载体。城镇也只有以产业发展为依托，人口集聚才能实现，农村城镇化才能顺利进行，所以农村城镇化跨越式发展必须以产业集群为根本的推动力量。

第三节　浙江农村城镇化民营动力机制

县域经济的核心问题是"三农"问题，县域经济框架下的产业发展必须工业化，区域发展必须城镇化。因此，工业化和城镇化是实现现代化的核心内容和必由之路，是实施县域协调发展的最有效措施。而工业化和城镇化发展的根本出路在于发展民营经济，民营经济是县域经济发展的主体，也是县域工业化的代表。具有内源经济的优势民营经济是市场的主要创造者和参与者，因而也是城镇化发展的前提和动力源。

一　民营经济为农村城镇化奠定了经济基础

民营经济是中国独有的一种经济形态和经济概念，民营经济的概念在市场经济发达国家中是很难找到的，因为在市场经济的世界里，民营经济就是经济活动的主体，西方经济学的一切前提都是以民营经济为基础。对民营经济的概念，公认的有广义和狭义两种。狭义的是指个私等非公有制经济；广义的则除了个私经济外，还包含非国有经济中的公有制经济。本书因为并不需要对于经济形式进行统计，而是专注于研究影响城镇化的动力机制，所以，采纳广义的民营经济概念。认为就经济形态而言，民营经济具体指国营经济之外的所有经济形式。包括：国有民营经济、城乡集体经济、个体私营经济以及联营经济、股份制经济、外商投资经济等。就经营目标而言，民营经济以赢利为唯一目标，它是一种完全依市场原则动作的经济组织，同国有企业有时需要承担一定的非赢利任务相区别，民营经济的治理结构建立在纯粹经济利益关系基础上。

改革开放 20 多年来，浙江民营经济以"敢为天下先"的勇气和胆略，在冲破思想禁锢、资源限制等种种障碍中迅速崛起。
2004 年，浙江民营经济占全省国内生产总值的 70.1%，据浙江
省工商局统计，2004 年全省个私企业总户数已经达到 189 万家
（户），民营经济总量和民营企业总户数居全国第二。在民营经
济总量持续增长的同时，浙江省民营企业的竞争力也在持续提
升。在全国工商联公布的 2004 年度民营企业 500 强中，浙江省
共有 183 家，上榜企业数量连续 6 年名列第一，所占比例逐年增
加，已经从 1998 年的 21.7% 上升到了 2004 年的 36.6%。在
2004 年中国民营企业竞争力 50 强中，26 家浙江民营企业榜上有
名，其中 7 家企业进入了前 10 名。

　　浙江资源贫乏，国家投资少，以温州为例（见表 4 - 6），改
革开放以来，国有单位投资一直占总投资的 30% 左右，而非国有
单位投资则占总投资的 70% 左右，特别是在 1990 年以前，城乡私
人投资占投资总额的 50% 以上。在浙江经济迅猛发展中，以个体
私营为主的民营经济功不可没。"超级活跃"的民营经济，是浙江
经济发展的第一发动机，也为农村城镇化奠定了基石。

表 4 - 6　　　　温州市国有与非国有单位城镇化投资对比

年份	总投资（万元）	国有单位投资		非国有单位投资		城乡私人投资	
		投资额（万元）	占总投资比重（%）	投资额（万元）	占总投资比重（%）	投资额（万元）	占总投资比重（%）
1980	35052	9367	26.72	4560	13.01	21125	60.27
1985	76768	22577	29.41	12452	16.22	41739	54.37
1990	176254	59100	33.53	30603	17.36	86551	49.11
1995	1288227	419280	32.55	269045	20.88	357872	27.78
2000	2652477	886274	33.41	566705	21.37	402790	15.19
2004	5073204	1597098	31.48	3035525	59.83	440581	8.68

资料来源：《温州市统计年鉴》（各年）。

二 民营经济推动农村城镇化的机理

在不同社会制度和经济体制下，推进城镇化的力量和模式却不相同。主要有两种模式：一是政府投资型。政府主导型虽然在一定时期内使城镇得到一定的发展，城镇化水平也有所提高，但是总的来说，城镇发展速度和城镇化水平提高缓慢，造成城镇化水平的滞后。二是市场推进型。这类城镇化发展实现了城镇建设投资主体多元化，不仅能促进城镇化水平的提高，而且能更好地发挥城市中心的作用，进而带动周围农村的发展，有利于解决"三农"问题。市场推进型的城镇化发展道路是浙江农村城镇化的一大特色。

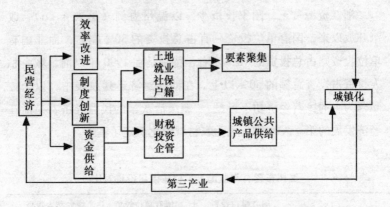

图 4 - 1　民营经济促进农村城镇化发展机理图

图 4 - 1 是民营经济促进农村城镇化发展机理图，从图中可以看到，民营经济发展对城镇化的促进作用主要可以从三方面进行考虑：资源效率、制度创新和资金。

第一，在资源效率改进方面，以收益最大化为目标的民营经济主体客观上要求通过空间聚集来提高资源效率。当城镇化发展进入中后期阶段后，微观经济主体通过城镇化道路，不仅可以大大降低交易费用，促进产业分工和产业链的延伸，提高地区比较优势；还可以获得规模经济和聚集经济带来的外部性收益。此外，经济主体还可以共享非排他性的公共投入品（如专家技能、公众通信和交通网络等），从而降低其生产成本，提高生产率。因此，出于自身效率增进的考虑，民营经济在增加就业、激励经济增长的同时，也会自觉地参与到城镇经济的发展和基础设施建设中去。

第二，在制度创新方面，民营经济是打破城乡二元壁垒的最有力手段。我国实行城乡分割的二元户籍制度，把绝大多数农民甚至已经在城市里工作生活多年的农民挡在"城外"。民营经济主体为获取工业化和城镇化带来的利益与地方政府进行博弈，地方政府通过在获取民营主体的市场利益和维持上级政府的权力之间进行权衡，会在一定程度上进行制度创新，从而促进农村剩余劳动力和农村工业向城镇的转移，加快了我国经济要素的空间聚集进程。同时，通过财税分权和投融资体制等方面的改革，为城镇化公共基础设施和公用服务事业的发展提供了多元化的投资主体和多样化的经营机制，从而加快了城镇体系的发展。

第三，在资金供给方面，民营经济的发展为政府提供了大量的税收来源，支持了城镇化建设，从而为城镇化发展提供了充足的资金支持。我国小城镇原来的工业基础非常薄弱，除了集体的供销社等集体经济外，几乎没有国有经济。所以，小城镇从一开始，就只有依靠民营经济，靠进入小城镇的农民开办工业和第三产业。在民营经济得到一定发展后，乡镇政府才进行基础设施和市政设施的建设，或者直接由民营企业和个体工商户出资建设小城镇。所以，没有民营企业的发展就没有小城镇的建设和发展。此外，民营经济主体丰厚的资本积累进一步刺激了其向大中城镇迁移的需求，为我国的大中城镇发展提供了新的动力。

三　案例分析：中国农民第一城镇龙港镇的城镇化道路

温州龙港以前是几个零落破败的小渔村。1981 年 6 月 18 日，苍南县从原平阳县分出，1983 年 10 月 12 日正式获准建立龙港镇。随后，政府作了少量的投资，同时也从鳌江镇分出部分国有企业搬迁到了龙港，但是这里人气也不旺，初期建设十分缓慢。1984 年中央 1 号文件允许农民自理口粮到集镇落户。从此，二元户籍制度这堵横亘在中国城镇与农村之间的高墙，终于被打开了一个小口。苍南县委县政府也审时度势，积极采取了诸如捆印、减印和放权等减少审批手续的措施鼓励农民进城，规定不分城乡户口，只要在龙港建房，就可以到龙港落户；另一方面，在当时国家还不允许土地自由买卖的情况下，按照地段好坏，以公共设施费的名义，允许差价出售土地使用权，并以此来筹集公共建设资金。

苍南政府部门的大胆创新，鼓励了农民进城参与城镇化的积极性。一些先富起来的人们开始蜂拥携款进城。到 1984 年 12 月 31 日，共有三省七县 5000 多户申请到龙港建房落户，共计收到地价款近 1000 万元。于是，一场轰轰烈烈的农民造城运动正式开始。在造城的最高峰 1985 年，全镇有 3000 多间楼房同时在兴建，来自各地参加造城的，共有 37 支工程队。到 1986 年底，建成的房屋总建筑面积达 102 万平方米，城建总投资 1.9 亿元。其中私人住宅建筑总面积 559878 平方米。

由于缺乏国家投资，龙港的公共设施建设也都由"市民"自己负责，其他公共设施则采取合伙投资、共同集资和无偿捐资等形式。1986 年落成的龙翔影剧院就是由下埠村 20 个农民以每股 12000 元资本合伙投资建造的。菜市场等则采取集资兴建的办法。不到 3 年时间，一座新兴的小城镇已经粗具规模。至 1990

年，累计投入建镇资金 9 亿元，其中国家投入仅为 0.44 亿元，占总投资的 5%，而 95% 的资金来自进城农民集资。数万名长期以来失去国家政策保护的农民，趁着制度约束稍微松动的机会，告别了乡村，迁入自己建造的城市，并形成了一个特殊的市民群体。

在改革开放初期的温州龙港，政府无法投入大量资金用于小城镇建设，正是民营经济为小城镇建设提供了重要的资金支持。龙港打破了在我国长期以来的城市公共领域长期被政府与单位覆盖的局面，民营经济成为龙港农村城镇化的经济基础。龙港在这种自下而上的城市化过程中，逐渐形成了与全国其他城市迥然不同的、以私有企业为主的市场主体结构。尽管在港区的初期建设过程中，从鳌江搬迁而来的国有企业起到一定的作用，但龙港建镇以后，随着大量私营企业的迁入和兴办，这些国有企业逐渐退出市场。因此，目前龙港的经济结构中几乎 100% 都是私有成分。2004 年，龙港包括个体工业户在内的 24399 家工业企业里，就没有一家国有企业，即使是 630 家名义上的集体企业里，真正的集体性质数量也微乎其微。在以私有企业为主的市场主体结构下，社会结构真正分化为政府、企业以及此外的第三部门。在私有企业为主的龙港，纯粹的私有产权关系在社会经济关系中占据主导，各社会主体基本上拥有经济上的独立人格，因而相应地才可能拥有真正意义上个人选择的自由，从而就有可能产生个人本位的市民社会。

从龙港城镇化发展模式可以看到，在国家投资缺乏、经济水平比较落后的广大中部城镇，积极发展各种类型的民营企业，大力扶持各种形式民营企业的发展，把发展民营经济与小城镇建设结合起来，吸纳尽可能多的民营企业参与城镇化，是农村城镇化的一条主渠道。

第四节 湖北省农村城镇化根本动力机制差距

与浙江城镇化的突飞猛进相比，湖北的差距导因于根本动力机制方面，正是第二产业发育滞后，使湖北城镇化进程大大落后于浙江。

一 湖北与浙江农村城镇化根本动力机制比较

为了比较湖北与浙江城镇化根本动力机制之间的差距，本书拟使用下列指标：湖北与浙江根本动力机制产值差距系数、湖北与浙江根本动力机制就业差距系数、湖北与浙江根本动力机制效率差距系数。其中，湖北与浙江根本动力机制产值差距系数＝湖北第二产业总产值÷浙江第二产业总产值；湖北与浙江根本动力机制就业差距系数＝湖北第二产业从业人员÷浙江第二产业从业人员；湖北与浙江根本动力机制效率差距系数＝湖北第二产业劳动生产率÷浙江第二产业劳动生产率。该指标体系基本上能够反映本书研究的精神实质。本书采用1978—2004年的浙江第二产业总产值、湖北第二产业总产值、浙江第二产业从业人员、湖北第二产业从业人员等数据均来自于《湖北省统计年鉴》（各年），《浙江省统计年鉴》（各年）。具体数据见表4－7。

从图4－2可以直观地发现，改革开放之初湖北与浙江根本动力机制产值差距系数、效率差距系数都大于1，就业差距系数也接近于0.9，表明湖北第二产业起点并不低于浙江，差距主要是由于改革步伐缓慢造成的。特别是20世纪90年代以后，浙江乡镇企业与城镇化互动式地相互推进，其对城镇化的促进作用也大大加强，而湖北本身由于乡镇企业规模小，发展增长速度明显低于浙江。因此，自从1990年以后，湖北城镇化根本动力机制的三个差距系数曲线呈直线下滑的趋势。

表4－7　湖北与浙江农村城镇化根本动力机制比较

年份	浙江第二产业总产值（亿元）	湖北第二产业总产值（亿元）	湖北与浙江根本动力机制产值差距系数	浙江第二产业从业人员（万人）	湖北第二产业从业人员（万人）	湖北与浙江根本动力机制就业差距系数	浙江第二产业劳动生产率	湖北第二产业劳动生产率	湖北与浙江根本动力机制效率差距系数
1978	53.52	63.71	1.190396	306.71	269	0.87705	1744.971	2368.401	1.357273
1979	64.07	73.03	1.139847	334.66	277.65	0.829648	1914.48	2630.29	1.373892
1980	84.07	91.67	1.090401	372.5	286.3	0.768591	2256.913	3201.886	1.418702
1981	94.68	92.85	0.980672	456.1	317.37	0.695834	2075.861	2925.607	1.409347
1982	98.44	94.97	0.96475	485.22	333.77	0.687874	2028.77	2845.373	1.402511
1983	113.12	106.5	0.941478	556.02	345.65	0.62165	2034.459	3081.151	1.514482
1984	141.48	136.5	0.964801	708.11	381.36	0.53856	1997.995	3579.295	1.791444
1985	198.91	174.35	0.876527	735.22	485.41	0.660224	2705.449	3591.809	1.32762
1986	230.89	187.96	0.814067	765.13	506.44	0.661901	3017.657	3711.397	1.229894
1987	281.47	224.53	0.797705	802.04	517.84	0.645654	3509.426	4335.895	1.2355
1988	354.39	271.25	0.7654	803.67	527.27	0.656078	4409.646	5144.423	1.16663
1989	386.25	300.46	0.77789	770.12	514.77	0.668428	5015.452	5836.781	1.16376
1990	408.18	313.39	0.767774	762.48	628.5	0.824284	5353.321	4986.317	0.931444

续表

年份	浙江第二产业总产值（亿元）	湖北第二产业总产值（亿元）	湖北与浙江根本动力机制产值差距系数	浙江第二产业从业人员（万人）	湖北第二产业从业人员（万人）	湖北与浙江根本动力机制就业差距系数	浙江第二产业劳动生产率	湖北第二产业劳动生产率	湖北与浙江根本动力机制效率差距系数
1991	494.11	359.86	0.728299	770.86	623	0.808188	6409.854	5776.244	0.901151
1992	653.43	444.61	0.680425	770.81	650.9	0.844436	8477.186	6830.696	0.805774
1993	980.42	627.69	0.640226	886.9	684.6	0.771902	11054.46	9168.712	0.829413
1994	1388.06	812.56	0.585393	917.87	717.1	0.781265	15122.62	11331.2	0.749288
1995	1834.47	1029.85	0.561388	882.82	743.5	0.842188	20779.66	13851.38	0.666583
1996	2200.19	1344.36	0.61102	886.02	746.8	0.84287	24832.28	18001.61	0.724928
1997	2509.56	1606.98	0.640343	881.42	752	0.853169	28471.78	21369.41	0.750547
1998	2709.08	1752.91	0.64705	854.14	705.6	0.826094	31717.05	24842.83	0.783264
1999	2902.81	1887.93	0.65038	784.29	697.8	0.889722	37011.95	27055.46	0.730993
2000	3183.47	2123.7	0.667102	966.3	702.4	0.726896	32944.94	30234.91	0.91774
2001	3487.5	2313.66	0.663415	1009.55	706.8	0.700114	34545.09	32734.3	0.947582
2002	3982	2446.05	0.614277	1070.13	704.1	0.657957	37210.43	34740.09	0.933612
2003	4941	2580.58	0.522279	1201.3	712.6	0.593191	41130.44	36213.58	0.880457
2004	6045	2994.67	0.495396	1304.94	720.3	0.551979	46323.97	41575.32	0.89749

资料来源:《湖北省统计年鉴》（各年）、《浙江省统计年鉴》（各年）。

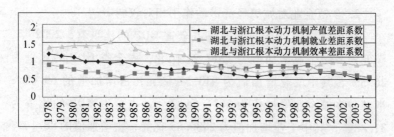

图4-2 湖北与浙江根本动力机制产值差距系数、就业差距系数、效率差距系数

二 湖北农村城镇化根本动力机制滞后的成因分析

浙江的经验表明，乡镇企业的充分发展是实现农村城镇化的主要途径，正是乡镇企业为城镇化提供了主要资金来源与动力机制。但近年来湖北乡镇企业一直处于低水平增长态势，使农村城镇化根本动力没有像浙江那样表现出强劲上升的势头。下面将从乡镇企业的角度对农村城镇化根本动力机制滞后的成因进行剖析。

1. 乡镇企业规模相对较小

市场经济体制改革之前，湖北省乡镇企业发展与浙江省的差距并不十分显著，1991年，湖北乡镇企业数为152634个，而浙江只有81524个，在企业的纯利润方面，相差也不悬殊，湖北为8.26亿元，浙江为12.73亿元。但1992年市场化改革以后，浙江乡镇企业获得了突飞猛进的发展，湖北省与浙江的差距越来越大，到2002年，尽管湖北省乡镇企业数量与浙江相差不多（湖北为993700个，浙江为1073200个），但在从业人员、增加值、总产值、营业收入、固定资产原值等各方面都与浙江存在较大差距。2002年，湖北省乡镇企业的增加值、总产值及营业收入都仅为浙江的三分之一左右，固定资产原值为浙江的 41.37%。

2. 乡镇企业对城镇经济带动作用相对较弱

从乡镇企业创造的增加值占全省 GDP 的比重看，2002 年，湖北省乡镇企业增加值为 1317.21 亿元，占全省 GDP 的比重为 26.5%，其中工业增加值为 913.57 亿元，占增加值的 69.4%；浙江省乡镇企业增加值为 3811.64 亿元，占全省 GDP 的比重为 31.48%，其中工业增加值为 2880.85 亿元，占增加值的 86.1%。这表明，湖北省乡镇企业创造的增加值不到湖北省 GDP 的三分之一，而浙江接近 50%。在乡镇企业增加值中，浙江工业增加值所占比重甚至超过 90%。

从乡镇企业创造的增加值占全省工业增加值的比重看，湖北省乡镇企业所创造的增加值占到全省工业增加值的 67.5%，浙江占 88.27%，乡镇企业在两省工业中的地位都举足轻重，但相比较而言，浙江省显得更为重要。

从乡镇企业上缴的利润占全省地方财政收入的比重看，2002 年，湖北省乡镇企业实缴税金总额 64.88 亿元，占湖北省当年地方财政收入的 26.65%，而浙江省乡镇企业实缴税金总额为 538.51 亿元，占浙江省当年地方财政收入的 95.05%，从乡镇企业实缴税金总额的绝对量来看，湖北省仅为浙江省的 12.05%，从而湖北省的财政收入也仅为浙江省的 42.97%。

从乡镇企业对农民收入的影响程度看，2002 年，湖北、浙江农民人均纯收入分别为 2444.1 元、4940.0 元，湖北省农民人均纯收入为浙江的 49.5%。产生差距的主要原因在于浙江的农民从乡镇企业获得的工资性收入远多于湖北省。据统计，湖北工资性收入占纯收入的比重为 27.1%，而浙江的这一比例为 49.3%，而且浙江农民的人均工资性收入有一半左右是在本地企业得到的，这表明，本地乡镇企业发展对当地农民收入产生了重要影响。

从乡镇企业对转移农村剩余劳动力的影响看，乡镇企业发展为农村剩余劳动力创造了广阔的就业空间，湖北自 1978 年到 2002 年的 24 年间，乡镇企业职工人数由 150.87 万人增加到 647.90 万人，增长了 4.29 倍，占乡村从业人员的比重由 10.4% 上升到 28.59%，占全社会从业人员的比重由 14.7% 上升到 18.82%。但与浙江相比，湖北省乡镇企业吸纳农村剩余劳动力的能力明显不足，2002 年，湖北省乡镇企业吸纳的农村劳动力比浙江省少 345.74 万人，浙江有 45.46% 的乡村从业人员通过乡镇企业实现了转移，而湖北省的这一比例仅为 28.59%。

从以上的分析可以看到，湖北乡镇企业既弱小又弱质，因而，对城镇经济的带动力不强，这直接导致湖北农村城镇化根本动力滞后于浙江。

3. 乡镇企业没有实现集群式增长

针对湖北乡镇企业与浙江的差距，学术界进行过广泛的研究，大致有两种看法，一种看法认为浙江个私经济强盛，目前，个体私营经济在整个浙江经济中已经超过半壁江山，有的地方甚至超过 80%，而湖北个私经济弱小，增加值仅占浙江的 35.2%。另一种看法认为浙江的乡镇企业成功地实行了改制，而湖北由于存在认识上的偏差，部分改制企业经营管理水平不高，内部激励机制不健全，改制企业股本结构欠合理，国有资本退出缓慢等，使湖北乡镇企业发展缓慢。

在笔者看来，这些看法都很有道理，也部分地指出湖北乡镇企业落后的原因，但如果从乡镇企业与城镇化互动式发展的角度看，笔者认为湖北乡镇企业没能实现集群式增长，没能成为"一乡一品、一镇一业"的专业镇，是湖北乡镇企业规模较小、绩效较差的根本原因，湖北相当多的城镇还是一种主要靠农业、

"小而全"的发展模式。即使一些发展势头较好的乡镇，也没有形成以专业镇、产业集群的方式实现板块式发展的格局。

表4-8是近年来湖北农村城镇化比较成功的乡镇的几个案例，其中有些镇还曾经进入过全国"千强镇"的行列，但从它们的发展模式以及在全国的地位和影响程度看，与浙江"千强镇"相比，显得微不足道。

表4-8　　　　　　　　　湖北省名镇产业集群情况

专业镇	主要特色	乡镇企业情况	城镇专业市场影响	荣誉称号
大冶市陈贵镇	矿业开发，以矿兴业	拥有加工冶炼、建材建筑、旅游商贸、交通运输等10多个大类的企业153家，2004年全镇乡镇企业产值36.4亿元	陈贵矿业集团有限公司在矿业开采方面有一定的影响力	湖北首强镇、多次获得全国"千强镇"称号
钟祥市胡集镇	已探明具有较高开采价值的矿产资源6类16种，其中磷矿石储量4.2亿吨，石灰石储量30亿吨，白云石储量10亿吨	形成了化学工业、机电工业、建工建材、轻工轻纺四大工业基地	全国一流的磷化工基地，号称"中原磷都"	1994年以来，胡集镇经济社会综合实力连年跻身于全省"十强乡镇"之列，全国一流的磷化工基地，号称"中原磷都"
江夏区流芳街	位于武汉市郊区，2004年，流芳街企业产值完成40.5亿元，新办项目65家	境内有中南财经政法大学、武汉化工学院、武汉邮电科学院、湖北省体育学院、武汉公交学院、湖北教育学院、武汉商贸职业学院及私立武汉高龙学校等，在校师生近6万余人	依托境内高校云集优势，形成了一些服务于高校的产业群	2005年被评为全国"千强镇"（第998位），多次被评为"湖北十强明星镇"

续表

专业镇	主要特色	乡镇企业情况	城镇专业市场影响	荣誉称号
仙桃市彭场镇	彭场工业以无纺布产业为主导	彭场镇现有工业企业168家,从业人员近3万人。其中无纺布制品加工和配套企业达116家	年出口集装箱标柜1.5万多个,出口交货值20亿元,占全国无纺布制品出口总量的40%,已成为全国最大的无纺布制品出口基地	1992年跻身全国乡镇200强。曾多次被评为"湖北省工业民营经济强镇"和"中国非织造布制品名镇"
仙桃市干河办事处	位于仙桃市郊区,乡镇企业、外资企业都较繁荣	规模以上各类企业近300家	2004年,外贸出口800万美元,利用外资500万美元	2005年被评为全国"千强镇"(第993位)
潜江市张金镇	形成了铝业、电力、服装、建材四大支柱产业	全镇现有工业企业110家,其中幸福集团、幸福实业上市公司、华盛铝电有限公司、荆盛水泥厂四大公司资产总额达25.7亿元,年总产值达25亿元	宫殿牌铝材在湖北有一定的影响,电力供应除供铝厂用电外,尚有富余电量上网	多次荣膺"湖北省乡镇企业十强乡镇"、"楚天明星乡镇"称号。2002年被国务院体改办确定为"全国小城镇综合改革试点镇"
监利县新沟镇	以粮油加工业为支柱产业	现有湖北银欣集团、天河水产、恒泰米业、发旺油脂、棉花等农副产品加工和印铁制罐业等为支柱产业	在荆州市影响较大,其中,银欣集团为湖北省重点龙头企业	2002年以来,连续5年乡镇综合实力评估在荆州市排名第一

注:所有数据都来自于各镇政府网站。

　　从湖北名镇发展特色看,仙桃市彭场镇无纺布专业镇产业附加值较高,产业集群特色比较明显,而且已经占据全国40%的无纺布份额，比较接近于浙江发展模式。但总的说来，湖北名镇农村城镇化与浙江"千强镇"相比，具有以下一些不足：

第一，浙江"千强镇"产业附加值高，而湖北名镇在发展工业过程中，原材料、农产品加工业在城镇经济中占较大比重，且附加值相对较低。比较典型的有湖北省粮油加工基地监利县新沟镇，生猪专业镇仙桃市毛嘴镇，蘑菇专业镇随州市三里岗镇。这些镇的农产品加工业虽然对于城镇发展起到了一定的作用，但由于产品附加值低，很难形成像浙江那样在全国甚至国际上都有影响的大规模专业市场。

第二，浙江资源匮乏，城镇化进程很少依托资源优势，而湖北名镇的城镇化很大程度上依赖于当地特有的自然资源，这也导致城镇化中呈现较显著的行政干预痕迹。比较典型的是大冶陈贵镇、钟祥市胡集镇等。它们分别占有了得天独厚的矿产资源优势，在此基础上，通过当地政府自上而下的行政干预，形成了一些依托矿产品的产业集群，从而带动了当地城镇化进程。而江夏区流芳街以前本是一个默默无闻的小集镇，自从武汉市一些高校迁居于此之后，一些依托高校的产业群也迅速成长起来，才使它能有幸进入全国"千强镇"的行列。

第三，浙江农民普遍具有创业精神，因此，能人辈出，这种创业精神又使浙江城镇化能持久地保持生机与活力。而湖北名镇城镇化很大程度上依赖于个别能人带动，个别能人甚至能够影响到一个城镇的发展进程，呈现出比较显著的"能人色彩"。比较典型的有潜江张金镇。改革开放之初，张金镇与江汉平原上无数个集镇一样平平无奇，1978 年，裁缝师傅周某成立了幸福服装厂，在政府扶持下迅速崛起，经十数年的艰苦创业，于 1996 年成功上市。在张金镇城镇化初期阶段，幸福服装厂不仅为农村解决了大量的剩余劳动力，因而也使城镇经济得到较快发展。能人经济虽然一时为张金镇城镇化起到了不可磨灭的贡献，但随着周某这位能人决策频频失误，导致幸福实业最终被收购，幸福服装厂也沦为一个二流企业，其对城镇经济的支柱作用日益下降。目前张金镇铝材、建材产业虽然在湖北具有一定的影响力，但远没有达到与浙江一些较著名的专业城镇相提并论的实力。

第五节　提高湖北农村城镇化根本动力机制的对策

从前面的研究我们可以得出结论，农村城镇化的依托是非农产业的发展和聚集，而在广大中部地区经济转型时期，乡镇企业是农村发展非农产业的主要途径。湖北农村工业化落后也正是湖北城镇化落后于浙江的主要根源。在新的历史时期，湖北农村城镇化应有一个新的起点、新的发展思维。具体而言，提高湖北农村城镇化根本动力机制应把以下三个方面作为突破口：

第一，从主导产业和产业集群方面，推进乡镇企业与城镇化协调互动发展，以重点小城镇为依托培育主导产业群。一方面，应改变小城镇分散布局的状况，鼓励乡镇企业向城镇集中；另一方面，应充分挖掘和发挥当地的自然、经济、区位、地理、人文、资源等优势，以实施名牌战略为重点，选择和确立各自的产业发展方向，加快培养和发展主导产业，努力形成具有各自特色优势和市场竞争力的支柱产业，使城镇产业以集群的方式发展，在湖北城镇化格局中，要形成"一村一品、一镇一业"的框架。

第二，从民营经济方面，通过政府投入引导，鼓励社会投资，扩大民间投资。建立有财政投入、城镇公用设施有偿使用、公用事业合理计价、吸引社会资金和引进外资等多渠道、多元化的投资体制。在湖北乡镇财政比较紧张的地方，应坚持"谁投资，谁经营，谁受益"的原则，把基础设施和公益事业推向市场，制定各种优惠政策，充分调动社会各方面参与小城镇建设的积极性。

第三，从新型工业化方面，以新型工业化建设为龙头，带动和推进新型城镇化。新型工业化不同于传统的工业化，它是以信息化带动工业化，是科技含量高、经济效益好、资源消耗低、人力资源优势得到充分发挥的工业化。在城镇化的初期，城镇化的根本动力主要来自于农村工业化，由于湖北农村工业化水平滞后，致使城镇化率较低，城镇化的滞后又成为工业化的根本阻滞。在新的形势下，湖北工业化与城镇化要想实现对浙江等地区的赶超，就不能停留在原有的老路上，而应走新型工业化道路，以新型工业化推进新型城镇化。

第 五 章

湖北与浙江农村城镇化
后续动力机制比较

从世界各国城市化发展历程看，随着人均收入水平的上升，工业化的演进导致产业结构的转变，带动了城市化程度的提高；而当工业化演进到较高阶段之后（人均 GDP 超过 500 美元），对城市化进程的主导作用逐步由以第二产业为主的工业转变为以服务业为主的第三产业，而就业结构的变化也越来越不同于产出结构的变化并将对城市化起着更大的作用。郭克莎（2000 年）在进一步研究了我国当前工业化进程中服务业发展与城市化的相互关系后指出，以服务业为主的第三产业的发展通过拉动非农就业增长而带动城市化率的上升，反过来，城市化的加快也能够促进第三产业的较快扩张。但是，从两者发展的逻辑顺序和长期进程来看，主要趋势是先有以服务业为主的第三产业的发展和就业的增加，然后才有农村人口的转移和城市化率的上升，因此，应通过加快发展第三产业来带动城镇化，把第三产业当做城镇化的一个后续动力。

第一节 农村城镇化后续动力机制与根本
动力机制作用力比较

城镇化与工业化的变动关系，在工业化的不同阶段存在着较大差别。在工业化初期阶段，以乡镇企业为主体的根本动力机制所形成的聚集效应使工业化对城镇化产生直接和较大的带动作用，其对城镇化的作用要大于以第三产业为主体的后续动力机制；但进入工业化中期阶段之后，情况往往要发生改变，产业结构变化和消费结构升级的作用超过了聚集效应的作用，城镇化的演进不再主要表现为工业比重上升的带动，这时，后续动力机制对于城镇化的促进作用将大大上升，甚至成为城镇化的主动力。

一　农村城镇化与根本动力机制及后续动力机制相关性比较

工业化过程中城镇化的演进速度，与产出结构和就业结构的转变趋势有很大关系，但相比较而言，在这个过程中，与城镇化率上升关系更为密切的不是产出结构的转变而是就业结构的转变，因为只有就业结构的工业化和非农化才直接带动了人口向城市的迁移和集中。因此，产出结构与就业结构的变动关系，很大程度上影响着工业化对城镇化的带动作用。

表 5 - 1 显示了 1952 年以来中国农村城镇化过程中第二、三产业的产值结构与就业结构的时间序列表以及产业对人口城镇化推动系数。其中，产业对人口城镇化推动系数 = 该产业占 GDP 的比重 ÷ 该产业就业人数占总就业人数的比重，该项指标能表示出该产业产值增加对于人口城镇化的推动力。表 5 - 2 显示了 1952 年至 1977 年城镇化率分别与第二、三产业的产值、就业结构的相关系数。表 5 - 3 显示了 1978 年至 2004 年城镇化率分别与第二、三产业的产值、就业结构的相关系数。

表 5 - 1　中国城镇化与工业化的时间模式与产业对人口城镇化推动系数

年份	城镇化率（%）	GDP 结构（%）		就业结构（%）		产值结构对就业结构的转换系数	
		第二产业	第三产业	第二产业	第三产业	第二产业	第三产业
1952	12.46	20.88	28.6	7.4	9.1	0.3544	0.3182
1953	13.3	23.36	30.8	8	8.9	0.3425	0.2890
1954	13.7	24.64	29.7	8.6	8.2	0.3490	0.2761
1955	13.48	24.42	29.3	8.6	8.2	0.3522	0.2799
1956	14.6	27.31	29.5	10.7	8.7	0.3918	0.2949
1957	15.4	29.68	30.1	9	9.8	0.3032	0.3256
1958	16.2	36.99	28.9	26.6	15.2	0.7191	0.5260
1959	18.4	42.77	30.6	20.6	17.2	0.4816	0.5621
1960	19.75	44.49	32.1	15.9	18.4	0.3574	0.5732
1961	19.29	31.88	32	11.2	11.7	0.3513	0.3656
1962	17.33	31.26	29.3	8	9.9	0.2559	0.3379
1963	16.84	33.05	26.6	7.7	9.9	0.2330	0.3722
1964	18.37	35.32	26.2	7.9	9.9	0.2237	0.3779
1965	17.98	35.09	27	8.4	10	0.2394	0.3704
1966	17.86	37.98	24.4	8.7	9.8	0.2291	0.4016
1967	17.74	33.98	25.8	8.6	9.7	0.2531	0.3760
1968	17.62	31.18	26.7	8.6	9.7	0.2758	0.3633
1969	17.5	35.56	26.5	9.1	9.3	0.2559	0.3509
1970	17.38	40.49	24.3	10.2	9	0.2519	0.3704
1971	17.26	42.15	23.8	11.2	9.1	0.2657	0.3824
1972	17.13	43.06	24.1	11.9	9.2	0.2764	0.3817
1973	17.2	43.11	23.5	12.3	9	0.2853	0.3830
1974	17.16	42.73	23.4	12.6	8.9	0.2949	0.3803
1975	17.34	45.72	21.9	13.5	9.3	0.2953	0.4247

续表

年份	城镇化率（%）	GDP 结构（%）		就业结构（%）		产值结构对就业结构的转换系数	
		第二产业	第三产业	第二产业	第三产业	第二产业	第三产业
1976	17.44	45.43	21.7	14.4	9.7	0.3170	0.4470
1977	17.55	47.13	23.4	14.8	10.7	0.3140	0.4573
1978	17.92	48.16	23.7	17.3	12.2	0.3592	0.5148
1979	18.96	47.4	21.4	17.6	12.6	0.3713	0.5888
1980	19.39	48.5	21.4	18.2	13.1	0.3753	0.6121
1981	20.16	46.4	21.8	18.3	13.6	0.3944	0.6239
1982	21.13	45	21.7	18.4	13.5	0.4089	0.6221
1983	21.62	44.6	22.4	18.7	14.2	0.4193	0.6339
1984	23.01	43.3	24.7	19.9	16.1	0.4596	0.6518
1985	23.71	43.1	28.5	20.8	16.8	0.4826	0.5895
1986	24.52	44	28.9	21.9	17.2	0.4977	0.5952
1987	25.32	43.9	29.3	22.2	17.8	0.5057	0.6075
1988	25.81	44.1	30.2	22.4	18.3	0.5079	0.6060
1989	26.21	43	32	21.6	18.3	0.5023	0.5719
1990	26.41	41.6	31.3	21.4	18.5	0.5144	0.5911
1991	26.94	42.1	33.4	21.4	18.9	0.5083	0.5659
1992	27.46	43.9	34.3	21.7	19.8	0.4943	0.5773
1993	27.99	47.4	32.7	22.4	21.2	0.4726	0.6483
1994	28.51	47.9	31.9	22.7	23	0.4739	0.7210
1995	29.04	48.8	30.7	23	24.8	0.4713	0.8078
1996	30.48	49.5	30.1	23.5	26	0.4747	0.8638
1997	31.91	50	30.9	23.7	26.4	0.4740	0.8544
1998	33.35	49.29	32.13	23.5	26.7	0.4768	0.8310
1999	34.78	49.42	33	23	26.9	0.4654	0.8152
2000	36.22	50.22	33.42	22.5	27.5	0.4480	0.8229
2001	37.66	50.1	34.07	22.3	27.7	0.4451	0.8130
2002	39.09	50.37	34.3	21.4	28.6	0.4249	0.8338
2003	40.53	52.2	33.4	21.6	29.3	0.4138	0.8772
2004	41.76	52.9	31.9	22.5	30.6	0.4253	0.9592

资料来源：《中国统计年鉴》（各年）。

图 5 - 1   第二产业与第三产业对人口城镇化推动系数

表 5 - 2   城镇化率与相关变量的相关系数（1952—1977）

	第二产业占 GDP 比重	第三产业占 GDP 比重	第二产业 就业比重	第三产业 就业比重
城镇化率	0.731 * *	- 0.235	0.273	0.473 *

* * Correlation is significant at the 0.01 level (2-tailed).

* Correlation is significant at the 0.05 level (2-tailed).

表 5 - 3   城镇化率与相关变量的相关系数（1978—2004）

	第二产业占 GDP 比重	第三产业占 GDP 比重	第二产业 就业比重	第三产业 就业比重
城镇化率	0.659 * *	0.796 * *	0.712 * *	0.972 * *

* * Correlation is significant at the 0.01 level (2-tailed).

* Correlation is significant at the 0.05 level (2-tailed).

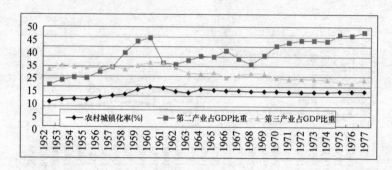

图5-2 1952—1977年农村城镇化率与第二产业、第三产业占GDP比重关系

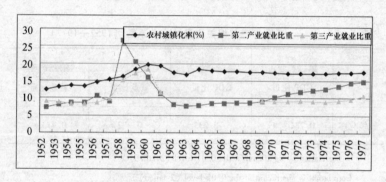

图5-3 1952—1977年农村城镇化率与第二产业、第三产业就业比重关系

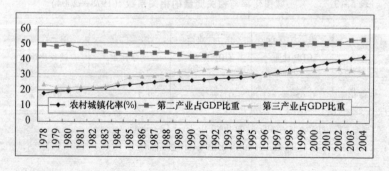

图5-4 1978—2004年农村城镇化率与第二产业、第三产业占GDP比重关系

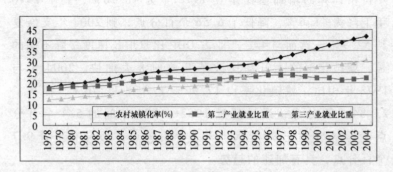

图 5 - 5　1978—2004 年农村城镇化率与第二产业、第三产业就业比重关系

　　从图 5 - 1 中可见，自从 1961 年开始，第三产业对人口城镇化推动系数就大于第二产业。自 1962—1991 年，我国属于工业化初期阶段，第二产业对人口城镇化推动系数缓慢上升，但低于第三产业。而从 1992 年开始，我国进入工业化中期阶段，第三产业对人口城镇化推动系数快速上升，而第二产业对人口城镇化推动系数开始缓慢下降，第三产业与第二产业对人口城镇化推动系数逐渐拉大。这说明工业化中期阶段后，第三产业对于城镇化的作用力已经明显超过了第二产业。

　　从表 5 - 2、表 5 - 3 中可以发现，改革开放前的 1952—1977 年，我国工业的产值比重在波动中大幅度上升，第二产业在 GDP 结构中的比重由 1952 年的 20.88% 上升到 1977 年的 47.13%，提高了 26.25 个百分点，相应的，城镇化率由 12.46% 上升到 17.55%，只提高了 5.09 个百分点。显然，第二产业产值比重的上升对城镇化率上升的带动作用是较小的。另一方面，这一时期的第三产业对城镇化的推进几乎不起作用（相关系数为 - 0.235，且不显著）。

　　改革开放以来，第二产业产值比重增长趋势缓慢，以当

年价格计算的增加值比重在 1978 年为 48.16%，到了 1990
年下降为 41.6%，降低了 6.56 个百分点，到 2004 年又恢复
到 52.9%。然而与第二产业占 GDP 比重增长速度缓降不同的
是，城镇化率的上升却比改革开放前大大加快。2004 年与
1978 年相比，城镇化率由 17.92% 上升到 41.76%，提高了
23.84 个百分点，远远超过 1952—1978 年间的 5.4 个百分
点，其中 20 世纪 80 年代上升 7 个百分点，90 年代上升 9.7
个百分点，具有加速的趋势。

　　由此可见，在改革开放前，我国的城镇化进程和第二产业产
值比重间的相关性较高（相关系数达 0.731），但是，改革开放
以来，城镇化率的上升与第二产业产值比重上升的相关性降低
（相关系数为 0.659），而与第三产业产值比重相关系数为 0.712，
高于与第二产业产值相关系数。

　　城镇化的进程与就业结构变化的相关性较强。1978—2004
年间，城镇化率与第二产业、第三产业就业比重相关系数分别为
0.712 和 0.972，高于同一时期城镇化率与第二产业、第三产业
的产值比重相关系数（分别为 0.659、0.796）。这也表明产业成
长要带动农村城镇化，归根到底还是要通过改善就业结构来实
现。

　　我国第二产业产值虽然取得了较快的发展速度，但它与城镇
化率相关系数不强，究其原因，在于我国产业结构长期偏离就业
结构。1978 年以前，我国优先发展重工业的战略，把工业化仅
仅局限于城市工业的发展，尤其是重工业在国民经济中比重的增
加。由此导致两种倾向：一是只注重集中资源投资于城市工业，
尤其是重工业，而忽视了传统农业的改造和农村经济的发展，甚
至以牺牲农村和农民利益的办法来推进工业化。二是只注重了先
进技术设备的引进和应用，而忽视了社会经济结构的相应变革。

结果使得就业结构的变化严重滞后于产值结构的变化，农业劳动力转移进程缓慢。我们在相当长的时期内，片面地强调重工业的发展，致使农业和轻工业发展长期处于停滞状态。重工业是属于资金密集型的产业，吸纳劳动力有限，这是工业产值增长速度高于就业增长速度的重要原因。

二　根本动力机制与后续动力机制劳动吸纳能力比较

从以上的分析我们可以发现，产业增长对于农村城镇化的贡献，来源于其对于就业结构的转变，而城镇就业结构转变首先来源于后续动力的快速发展。改革开放以来，城镇化后续动力对增加城镇就业作出了重要贡献，以"十五"期间为例，第三产业对全国新增就业人数的贡献率为 84.6%，显然后续动力已经成为我国城镇新增就业的主要渠道。从就业吸纳能力比较中，我们可以发现，第三产业有比第二产业更强的弹性系数，因而，是农村城镇化的后续动力。

就业吸纳能力的大小可以通过就业吸纳弹性来表示，就业吸纳弹性是衡量经济增长引起就业增长大小的一个指标，即在某一时期内，就业数量的变化率与产值变化率之比。具体到根本动力与后续动力的就业吸纳弹性，就是指第二、三产业产值增长率每增减一个百分点所带来的就业增长率的大小。如果用 L 表示就业人数，Y 表示 GDP，E 表示就业吸纳弹性系数，则有以下关系：$E = (\Delta L / L) / (\Delta Y / \Delta Y)$。

表 5-4 的数据是根据 2005 年《中国统计年鉴》1978—2004 年的第二、三产业人口和我国产值数据，由上面的函数关系分别对第二、三产业的就业吸纳弹性系数进行了测算，测算结果见表 5-5。

表5-4　　　　第二、三产业国内生产总值与就业人数

年份	第二产业国内生产总值（现价）	第二产业国内生产总值指数（1978=1）	第二产业国内生产总值（可比价）	第二产业就业人数（万人）	第三产业国内生产总值（现价）	第三产业国内生产总值指数（1978=1）	第三产业国内生产总值（可比价）	第三产业就业人数（万人）
1978	1745.2	1	1745.2	6945	860.5	1	860.5	4890
1979	1913.5	1.082	1768.5	7214	865.8	1.078	803.2	5177
1980	2192	1.230	1783.3	7707	966.4	1.142	846.5	5532
1981	2255.5	1.253	1800.8	8003	1061.3	1.260	842.1	5945
1982	2383	1.323	1801.7	8346	1150.1	1.424	807.6	6090
1983	2646.2	1.460	1812.2	8679	1327.5	1.641	809.1	6606
1984	3105.7	1.672	1857.6	9590	1769.8	1.959	903.5	7739
1985	3866.6	1.983	1949.9	10384	2556.2	2.317	1103.0	8359
1986	4492.7	2.185	2056.0	11216	2945.6	2.598	1133.9	8811
1987	5251.6	2.485	2113.7	11726	3506.6	2.978	1179.9	9395
1988	6587.2	2.845	2315.5	12152	4510.1	3.364	1340.6	9933
1989	7278	2.952	2464.7	11976	5403.2	3.546	1523.8	10129
1990	7717.4	3.047	2532.5	13856	5813.5	3.627	1602.7	11979
1991	9102.2	3.471	2622.4	14015	7227	3.947	1831.2	12378
1992	11699.5	4.207	2781.1	14355	9138.6	4.436	2060.1	13098
1993	16428.5	5.044	3257.1	14965	11323.8	4.911	2305.9	14163
1994	22372.2	5.972	3746.1	15312	14930	5.382	2774.0	15515
1995	28537.9	6.802	4195.4	15655	17947.2	5.834	3076.2	16880
1996	33612.9	7.625	4408.1	16203	20427.5	6.295	3245.0	17927
1997	37222.7	8.426	4417.7	16547	23028.7	6.868	3353.7	18432
1998	38619.3	9.1767	4208.4	16600	25173.5	7.438	3384.5	18860
1999	40557.81	9.923	4087.1	16421	27037.69	8.013	3374.3	19205
2000	44935.3	10.856	4139.2	16219	29904.6	8.662	3452.5	19823
2001	48750	11.768	4142.6	16284	33153	9.389	3531.0	20228
2002	52980.19	12.921	4100.2	15780	36074.75	10.206	3534.6	21090
2003	61274.12	14.562	4207.7	16077	39187.95	11.002	3561.8	21809
2004	72387.19	16.179	4474.2	16920	43720.61	11.915	3669.3	23011

表 5 - 5 我国第二产业、第三产业就业吸纳弹性系数比较

年份	第二产业			第三产业		
	GDP 增长率	从业人员增长率	弹性系数	GDP 增长率	从业人员增长率	弹性系数
1978—1984	0.064378	0.38085	5.915799	0.049915	0.582618	11.67218
1985—1994	0.921134	0.474576	0.515209	1.514881	0.856083	0.565116
1995—2004	0.066464	0.080805	1.215767	0.192789	0.363211	1.883986
1978—2004	1.563743	1.436285	0.918492	3.264112	3.705726	1.135294

由表 5 - 5 可知，1978—2004 年间，第二产业的就业吸纳弹性系数为 0.918492，第三产业的就业吸纳弹性系数为 1.135294，显然，第三产业就业吸纳弹性系数要大于第二产业，因而发展第三产业对就业的增加将产生更显著的促进作用。

如果用聚类分析方法把时间分为 1978—1984 年、1985—1994 年、1995—2004 年三段，在 1978—1984 年这一段，第二产业的就业吸纳弹性系数为 5.915799，第三产业的就业吸纳弹性系数为 11.67218。由于我国刚开始进入改革时期，百业待兴，第二、三产业就业吸纳弹性系数都较高。在 1985—1994 年这一段，第二产业的就业吸纳弹性系数为 0.515209，第三产业的就业吸纳弹性系数为 0.565116。在 1995—2004 年这一段，第二产业的就业吸纳弹性系数为 1.215767，第三产业的就业吸纳弹性系数为 1.883986。这表明，在改革开放以来每一个时期，第三产业的就业吸纳弹性系数都要明显大于第二产业。

由此可以得出结论，当国内生产总值增量一定时，即经济增长速度保持稳定时，通过大力发展第三产业，靠城镇化后续动力能够更好地促进就业增加，从而推动人口的城镇化。这也再一次证明了发展第三产业是农村城镇化的后续动力。

三 第三产业促进农村城镇化的作用机理

如前所言，城镇化的发生与发展受到三大力量的推动与吸引：农业发展、工业化和第三产业崛起。并且随着城镇化进程的深入，这三种力量依次处于主导地位。城市经济学理论表明，在工业化的中后期，第三产业在国民经济中的比重呈不断上升的态势，城镇化的"接力棒"也因此传到第三产业上，后续动力成为城镇化的"顶梁柱"，并由它继续推动下去。

20 世纪 90 年代中期以来，我国第三产业对城镇化进程的推动作用日益显著，1994 年，第三产业首次超过第二产业成为解决我国农业剩余劳动力就业的最主要渠道，据陈可、顾乃华（2002 年）测算，1995—1999 年，第三产业共新增从业人员 1000 多万人，占全部新增劳动力的 60% 以上。

第三产业发展不仅吸收劳动力就业、推动了城市规模扩大，还极大地促进了城镇功能的建设，使城镇化进程不仅仅停留在"吸引农民进城"这一简单的层面上。具体来说，第三产业促进城镇化的作用机制分析主要表现在：

第一，第三产业的发展是实现城镇经济聚集效应的保证。第三产业对区位聚集的依赖性极强，第三产业只有聚集才能以较低的成本为工业化提供全方位的服务。从当前农村城镇中第三产业与第一、二产业关系看，第三产业中的很大一部分是为第一、二产业扩大生产规模和提高生产效率服务的，如金融保险、房地产、商务服务业等生产性服务业和交通运输、通信、商业等流通性服务业，它们不仅是连接生产与市场的中间环节，而且是其他产业提高发展水平的重要条件。它们的发展有效地促进了专业化、社会化大生产，提高产出效率，减少交易费用，从而增强城镇经济发展后劲。因此，发展第三产业是城镇经济实现劳动力聚集的重要途径。

第二，第三产业是城镇外部经济效应的重要源泉。城镇经济的另一重要特征是具有外部经济效应，而城镇的外部经济效应相当部分源于城镇第三产业：较高的教育水平和优良的卫生条件，使城镇劳动力具有较高素质；发达的市场体系与完备齐全的公用事业服务系统大大降低企业的运输及交易成本；密集的信息网络和先进的信息传播手段使企业能以低廉的价格获取最新市场信息。可以说，城镇第三产业的比重越高，外部经济效应就越大，城镇的聚集效应就越高。

第三，第三产业是人口城镇化的最重要途径。如前所述，多数第三产业是劳动密集型产业，就业弹性高。在工业化的中后期，资本有机构成逐渐增大，资本对劳动的替代能力增强，只有通过发展具有较高就业弹性的第三产业，才能使工业中的富余人员不至于回流到农村。如果说第三产业所提供的基础设施只是使工业化后期的城镇化成为可能，那么，第三产业对富余人员的吸收则使其成为现实。

第四，第三产业自身的某些特点使它在农村城镇化中具有第二产业不可替代的作用。第三产业行业涵盖范围大，技术层面广，只要具备一定的人口聚集与市场需求条件，就会有与之相适应的某一层次的第三产业发展起来。而现代工业以大机器生产为物质技术基础，资金门槛、技术门槛都比较高，因此，在资金、技术不足的条件下，虽然难以迅速发展第二产业，但可以通过第三产业特别是传统第三产业的发展来推动城镇化。

第二节　浙江农村城镇化后续动力机制特点

以乡镇工业为主体的根本动力机制在浙江农村城镇化中的确

取得了辉煌的业绩，但目前后续动力在城镇化中的作用也越来越令人瞩目。总的说来，浙江城镇化后续动力机制具有以下特点。

一 后续动力机制是根本动力机制升级与进一步提高的基础

为了衡量后续动力机制对根本动力机制的影响作用，本书仍然在第二、三产业生产总值与就业人员之间进行检验。以ZJDEJY表示第二产业就业人员，以 ZJDSJY 表示第三产业就业人员，分别以 ΔZJDEJY、ΔZJDSJY 表示对应的一阶差分。数据来源于《浙江省统计年鉴》和《湖北省统计年鉴》，由于多项指标受价格因素限制，为了消除价格影响，分别用第二、三产业国内生产总值指数进行平减，具体数据见表 5 – 6。

表 5 – 6　改革开放以来浙江、湖北第二产业与第三产业生产
总值与就业人员比较

年份	第二产业就业人员（万人）		第三产业就业人员（万人）		第二产业生产总值（1978＝1）（亿元）		第三产业生产总值（1978＝1）（亿元）	
	浙江	湖北	浙江	湖北	浙江	湖北	浙江	湖北
1978	306.71	269	166.69	170.77	53.52	63.71	23.11	26.18
1979	334.66	277.65	179.44	208.88	54.34	64.57	24.06	26.47
1980	372.5	286.3	188.83	246.99	53.98	65.63	25.40	28.74
1981	456.1	317.37	137.52	235.15	54.62	65.49	26.45	29.95
1982	485.22	333.77	250.09	259.27	54.14	63.98	27.56	27.69
1983	556.02	345.65	266.78	282.04	53.86	65.28	28.56	28.06
1984	708.11	381.36	287.78	331.68	54.33	66.94	30.04	28.91
1985	735.22	485.41	310.09	369.46	56.45	68.57	34.63	30.48
1986	765.13	506.44	346.07	390.91	57.48	70.26	37.63	32.30
1987	802.04	517.84	370.68	410.52	59.99	75.41	41.584	35.24

年份	第二产业就业人员（万人）		第三产业就业人员（万人）		第二产业生产总值（1978＝1）（亿元）		第三产业生产总值（1978＝1）（亿元）	
	浙江	湖北	浙江	湖北	浙江	湖北	浙江	湖北
1988	803.67	527.27	416.9	429.89	64.95	80.13	50.16	39.68
1989	770.12	514.77	422	436.99	70.23	86.93	60.41	45.84
1990	762.48	628.5	433.7	552.1	70.54	91.59	63.99	49.82
1991	770.86	623	441.51	562.3	72.25	94.66	65.89	53.44
1992	770.81	650.9	470.08	598.7	76.31	100.30	70.01	56.81
1993	886.9	684.6	480.77	654.2	85.96	118.40	82.30	65.10
1994	917.87	717.1	529.08	719.3	95.45	125.53	97.17	72.50
1995	882.82	743.5	586.5	792	106.54	133.81	111.41	84.52
1996	886.02	746.8	609.7	851.6	110.64	147.65	118.56	92.44
1997	881.42	752	624.97	896	111.87	152.41	119.70	96.80
1998	854.14	705.6	649.59	1010.1	109.00	147.0	118.58	96.01
1999	784.29	697.8	762.73	1047.7	104.84	144.32	120.00	95.57
2000	966.3	702.4	789.82	1057.4	102.93	146.52	128.25	97.85
2001	1009.55	706.8	851.86	1068.7	101.59	144.85	136.284	98.51
2002	1070.13	704.1	903.14	1086.3	102.29	138.84	144.46	98.27
2003	1201.3	712.6	891.41	1101.9	108.76	132.92	151.59	99.42
2004	1304.94	720.3	907.36	1113.8	114.51	135.42	156.53	103.02

资料来源：《浙江省统计年鉴》（各年）、《湖北省统计年鉴》（各年）。

首先用 ADF 方法考察第二产业就业人员与第三产业就业人员两变量之间的平稳性，表 5 - 7 列出了 ADF 检验的结果。

表 5 - 7　浙江第二产业就业人员与第三产业就业人员的平稳性检验结果

变量	ADF 检验	1% 临界值	5% 临界值	10% 临界值	结论
ZJDEJY	− 1.382069	− 4.356068	− 3.595026	− 3.233456	不平稳
ZJDSJY	− 2.385721	− 4.356068	− 3.595026	− 3.233456	不平稳
ΔZJDEJY	− 3.864072	− 4.374307	− 3.603202	− 3.238054	平稳
ΔZJDSJY	− 5.974582	− 4.374307	− 3.603202	− 3.238054	平稳

从检验结果看，ZJDEJY 与 ZJDSJY 的 ADF 检验的 t 统计量在 5% 的显著水平下大于所对应的临界值，所以不能拒绝存在单位根的零假设。而经过一阶差分后序列的 t 统计量是显著的，也拒绝存在单位根的零假设。因此，ZJDEJY 与 ZJDSJY 两个序列都是 I（1）的，满足协整检验的前提。

既然 ZJDEJY 与 ZJDSJY 之间确实存在着长期均衡关系，就可以用 Granger 因果关系检验来明确这种均衡关系是互为因果关系、不可逆因果关系还是独立关系。结果见表 5 - 8。

表 5 - 8　　　　浙江第二产业就业人员与第三产业就业人员的
Granger 因果关系检验结果

原假设	F 统计量	P 值	结论
ZJDSJY 不是 ZJDEJY 的 Granger 原因	4.71081	0.02107	拒绝
ZJDEJY 不是 ZJDSJY 的 Granger 原因	0.07675	0.92640	接受

从以上的分析可以发现，浙江第三产业就业人数是第二产业就业人数的 Granger 原因。由此我们认为，发展第三产业对于促进第二产业发展，以及农村人口城镇化具有重要影响作用。因而，我们可以说，没有第三产业发展，第二产业不可能较好地发展，而浙江的第三产业作为农村城镇化的后续动力，对于第二产业的推动作用是显著的。

二　后续动力机制促进根本动力机制的案例：龙港模式的提升

后续动力机制成功地促进根本动力机制的例子在浙江俯拾皆是，最典型的案例是龙港模式的提升。

龙港镇建镇以来，依托民营经济和第二产业飞速发展，使农村城镇得到了迅速发展。2002 年实现国内生产总值 42.88 亿元，人均 GDP 达 2164 美元，工业总产值达 96.5 亿元。2002 年全镇规模企业 97 家，其中产值超亿元企业 6 家，规模企业产值比重占 27%。通过技术改造的不断投入，印刷等传统产业的产品结构得到有效调整，从酒类包装产品向药品包装、手提袋发展并向外贸出口方面拓展，引进 BOPP、BOPET、BOPA、环锭纺等高新技术项目，延伸产业链，提升包装印刷、纺织业的水平，加快了传统产业的提升和转型。

但由于没有第三产业支撑，第二产业对于农村城镇化的推动作用正在逐渐受到限制。当龙港的创举在各地推广时，一些更具区位优势的城镇通过接受中心城市的辐射而迅速发展，龙港的发展脚步已经明显迟缓。当年来龙港学习取经的，很多已经超过了龙港。1993 年以前，龙港镇综合实力名列温州 30 强之首。2002 年，龙港镇在温州 30 强排名中退居第四。龙港先发优势的逐渐丧失，意味着龙港聚集生产要素的功能在逐渐弱化。事实上，从 2000 年开始，龙港的制造业和资本出现非常明显的外流。更让龙港人担心的是，上海、杭州等大城市正在大量吸纳外来资金，与龙港相比，它们拥有更好的基础设施和更多的优秀人才，对于向往城市的农民企业家来说，其吸引力不言而喻。

富有创新精神的龙港人没有坐在功劳簿上吃老本。他们开始把目光转向第三产业。2003 年，龙港镇砸掉了"中国农民第一城"的牌子，竖起了"产业城"的新标志，务实的龙港人在走过弯路之后对城市发展有了新的感悟：没有第三产业支撑的城市将是个泡沫。创建城市是龙港人的梦，但与以前的浮躁不同，今天的龙港人以特有的敏感，紧抓机遇，以宽阔的开放视野来实现城市梦。

在龙港人心目中，产业城还只是城市化进程中的过渡形态，当前龙港人埋头经营土地，使城区面积越来越大；还煞费苦心地广泛邀请国内知名专家做关于建立城市的论证，达到制造舆论的目的。2004年初，不习惯等待的龙港人突然发现新的曙光：在温州市制定的"一港三城"战略中，鳌江流域将成为温州发展的重要增长极。由此，龙港人翻开了"城市梦"的新一页——"产业化和城市化双向互动"。目前，龙港中心城区的近期规划面积已经达到50平方公里，其中工业区规划仅20平方公里，其余全部留做城区第三产业和居住区的发展空间。可以预见，第三产业在龙港镇城市化发展进程中，必将扮演更重要的角色。

从龙港的经验可以看到，城镇化固然是工业化的产物，是伴随工业化的进程而出现、发展的。但城镇化发展到一定阶段之后，必须大力发展第三产业。按照城市化进程的一般规律，由于第三产业比第二产业具有更强的劳动力聚集效应，能够为其他产业提供更优良的软环境，因此，在城镇化的高级阶段，第二产业与城镇化将越来越依赖于第三产业。

三 后续动力机制直接作为农村城镇化初始发动机案例：义乌模式的跨越

浙江还有一些地方的农村城镇化并未经历根本动力机制促进的一个过渡期，而从一开始就把后续动力作为城镇化的主动力，最典型的例子是义乌城镇化模式。

义乌地处浙江中部，面积1105平方公里。改革开放以前，义乌是一个贫困落后的农业县，经济实力居全省中下游。义乌城镇化与其他地区城镇化不同之处在于，从起步阶段就以第三产业为切入点，第三产业始终在农村城镇化中扮演最主要角色。改革开放以来，义乌确立并坚定不移地实施"兴商建市"发展战略，通过第三产业推进专业市场的扩张与升级,然后带动农村城镇化。义乌的第三产业、板块经济与农村城镇化的关系演变,大致经历了以下三个阶段:

初步形成期(1978—1988年)。第三产业孕育了义乌专业市场,产生了现代城镇的雏形。其专业市场基本特征是批发市场,第三产业经营业态较为传统,交易方式都是现场、现金、现货交易。义乌素有"鸡毛换糖"的经商传统,但新中国成立以来直到改革开放之初,义乌第三产业并不发达,1978年义乌第三产业占GDP的21.5%,低于全国23.7%的平均水平。1978年底,义乌稠城、廿三里两镇的农民自发地在镇区马路两侧摆起地摊,并逐步形成时间、地点相对固定的"马路市场"。1982年9月,义乌县委、县政府毅然开放小商品市场。第一代小商品市场作为一个经济板块自此应运而生,并迅速发展。1984年10月,义乌县委、县政府提出"兴商建县"战略,把商贸业作为主导产业。小商品贸易及相关第三产业的迅速发展,吸引了大量农村和外地人口向义乌城区集聚。在小商品市场的带动下,义乌商业贸易中心,交通运输、餐饮服务等第三产业与传统轻加工业开始围绕商业中心进一步集聚起来,初步形成了以小商品为主营内容的专业板块。1988年,义乌三次产业结构比重为26.6:34.2:39.2,三次产业结构首次呈"三、二、一"顺序。

快速发展期(1988—1998年)。1988年5月,义乌撤县改市。这一时期,第三产业经营业态得到升级,尤其是服务于专业市场的金融业、交通运输业、公用事业等生产性服务业发展较快。义乌专业市场从区域性的小商品批发市场发展成为全国性的小商品流通中心,成为跨区域、连城乡的商品集散中心和层次结构分明的小商品市场体系,确立了在全国专业市场中的龙头地位，并在全国主要大中型城市建立了分市场和小商品配送中心，形成了全国性的物流网络。第三产业与专业市场逐渐成熟使得城市集聚效应扩大，城区迅速沿交通干线向经济强镇延伸，并带动周边乡镇的集聚，产生了佛堂、苏溪、上溪等八个经济中心镇。这一阶段义乌的城镇化出现加速势头。1998年，第三产业占 GDP 比重上升到 43.6%，第一产业则下降到 5.7%，第三产业成为农村城镇化的主要动力。在第三产业和专业板块经济的带动下，城区面积扩大到 15.4 平方公里，是 1983 年的近 7 倍，1988 年的 2.5 倍。人口增长升至近 20 万，为 1988 年的 3 倍。城镇化率从 1988 年的 15% 升至 40%，平均每年升幅达 2.5 个百分点。

爆炸性增长期（1998 年至今）。这一阶段，义乌加快向国际性商贸中心迈进，第三产业与专业市场业态又一次发生质的提升。以国际贸易、电子商务、洽谈订单、商品展示、现代物流等为主的新型业态迅速发展，会展、金融、物流、购物旅游、中介等现代服务业蓬勃兴起，现代化服务和管理体系日益完善。当前义乌国际商贸城已成为全国首家 AAAA 级购物旅游景区，浙江省三个"大通关"建设重点之一。2005 年，全市共有各类服务业经营单位 10 万余家，从业人员 50 多万人，第三产业增加值已超过生产总值的一半，城镇化率达到 60%。基本形成以商贸流通、物流、金融、会展、购物旅游等为主体的现代服务业体系，并成为支柱产业。第三产业的迅速扩张，也使城市得以爆炸性发展。2005 年，义乌市城区人口达到 50 万，城区面积达到 50 平方公里。全市城市化水平以平均每年高达 5 个百分点以上的速度递增，是 1978—1988 年间平均速度的 13 倍、1988—1998 年间的 3.5 倍。同时由于乡镇经济集聚带动乡镇合并，平均每镇的人口从 20 世纪 90 年代中期的 4 万增加到 7.4 万，面积从原来的 53

平方公里提高到 85 平方公里。

从义乌农村城镇化发展过程可以发现，如果第三产业发展得当，对于农村城镇化具有举足轻重的作用。义乌农村城镇化是以商品市场起步，即以第三产业作为突破口，并一直以商品市场为龙头。因而，商品市场是义乌农村城镇化的初始发动机。这主要是由于义乌资源缺乏，改革开放前国家投资少、工业积累少，而第三产业（特别是小商品贸易等较低层次的第三产业）的进入门槛低，且风险小，比较效益高，资本积累快，而且人力资本、物质资本、基础设施等条件对第三产业发展的制约也远远低于对工业发展的制约，也就是说，发展第三产业对起始条件的要求较低。因此，从第三产业起步，甚至可以跨越第二产业较长的积累期，直接成为城镇化的决定性动力。

而在义乌农村城镇化较快增长期与爆炸性增长期，义乌商品市场与第三产业又演变成为拉动第二产业和资源在城镇聚集的主导因子。作为推动义乌经济持续增长，推动义乌市场化、工业化和国际化进程不断加快的强大"引擎"，后续动力机制扮演了城镇化基础动力的角色。

第三节 湖北与浙江农村城镇化后续动力差距

理清湖北与浙江后续动力差距，对于湖北高起点地开展农村城镇化赶超战略，并制定科学的政策建议，无疑具有重要意义。尤其是当前后续动力机制在农村城镇化中的作用力度与日俱增，我们更应当从后续动力的角度寻找赶超浙江的途径。总的来说，湖北与浙江相比，后续动力机制存在以下几方面的差距。

一　浙江后续动力决定根本动力机制，而湖北后续动力机制由根本动力机制决定

英国古典政治经济学创始人威廉·配第（William Petty）1691 年第一次发现了世界各国的国民收入水平差异及其形成的不同经济发展阶段，其关键在于产业结构的不同。1940 年，英国经济学家科林·克拉克（C. G. Clark）对配第的结论进行了论证，被称为配第—克拉克定理，该定理指出，随着经济的发展，人均国民收入的提高，劳动力首先由第一产业向第二产业移动；当人均国民收入水平进一步提高时，劳动力便向第三产业移动。劳动力在产业间的分布状况为：第一产业将减少，第二、第三产业将增加。即农业劳动力在全部劳动力中所占的比重相对来说就越小，而第二、第三产业中劳动力所占的比重相对来说就越大。

如果把城镇化过程分为初级、中级和高级三个阶段，那么城镇化与三次产业在演化互动的三个过程中，第三产业作为一个独立的产业必然能够从工业中分蘖出来。在城镇化的初级阶段和中级阶段，产业成长必然产生对第三产业的强烈需求（这种需求往往是第三产业生成与成长的强大动力），而以集聚为特征的城镇正好为第三产业发展提供了地域空间。目前世界经济发达国家已经进入第三产业主导的城市化阶段，在这一阶段，第三产业既是第二产业升级、优化的动力源，又是城镇化的关键影响因素。

比较湖北、浙江城镇化后续动力因子与根本动力因子的相互作用关系，不难看出，两地城镇化处于不同的发展阶段。

以 HBDEJY 表示湖北第二产业就业人员，HBDSJY 表示湖北第三产业就业人员，ZJDEJY 表示浙江第二产业就业人员，ZJDSJY 表示浙江第三产业就业人员（具体数据见表 5－6）。首先对

序列进行平稳性检验。ADF 检验结果见表 5 - 9。

表 5 - 9　　第二产业就业人员与第三产业就业人员的平稳性检验结果

变量	ADF 检验	1% 临界值	5% 临界值	10% 临界值	结论
HBDEJY	- 0. 643835	- 4. 356068	- 3. 595026	- 3. 233456	不平稳
ΔHBDEJY	- 5. 208852	- 4. 374307	- 3. 603202	- 3. 238054	平稳
HBDSJY	- 1. 687834	- 4. 356068	- 3. 595026	- 3. 233456	不平稳
ΔHBDSJY	- 4. 157020	- 4. 374307	- 3. 603202	- 3. 238054	平稳
ZJDEJY	- 1. 382069	- 4. 356068	- 3. 595026	- 3. 233456	不平稳
ΔZJDEJY	- 3. 864072	- 4. 374307	- 3. 603202	- 3. 238054	平稳
ZJDSJY	- 2. 385721	- 4. 356068	- 3. 595026	- 3. 233456	不平稳
ΔZJDSJY	- 5. 974582	- 4. 374307	- 3. 603202	- 3. 238054	平稳

从表 5 - 9 检验结果看，HBDEJY 与 HBDSJY、ZJDEJY 与 ZJDSJY 的 ADF 检验的 t 统计量在 5% 的显著水平下大于所对应的临界值，所以不能拒绝存在单位根的零假设。而经过一阶差分后序列的 t 统计量是显著的，也拒绝存在单位根的零假设。因此，HBDEJY 与 HBDSJY、ZJDEJY 与 ZJDSJY 四个序列都是 I (1) 的，满足协整检验的前提。

对上述两组序列分别进行 Granger 因果关系检验，检验结果见表 5 - 10。

表 5-10　　湖北、浙江第二产业就业人员与第三产业就业人员的

Granger 因果关系检验结果

原假设	F 统计量	P 值	结论
HBDEJY 不是 HBDSJY 的 Granger 原因	4.89962	0.01855	拒绝
HBDSJY 不是 HBDEJY 的 Granger 原因	0.54034	0.59082	接受
ZJDEJY 不是 ZJDSJY 的 Granger 原因	0.07675	0.92640	接受
ZJDSJY 不是 ZJDEJY 的 Granger 原因	4.71081	0.02107	拒绝

从表 5-10 的分析可以发现，湖北根本动力因子是后续动力因子的 Granger 原因，表明湖北根本动力因子是在推动后续动力因子的过程中推动城镇化。而浙江后续动力因子是根本动力因子的 Granger 原因，表明浙江后续动力因子作用力已经较为强大，它在推动根本动力因子过程中推动城镇化。显然，浙江城镇化水平已经进入了一个更高级阶段，而湖北仍然处于农村城镇化的较低级阶段。

二　浙江后续动力因子与城镇化融为一体，而湖北后续动力因子与城镇化关系断裂

美国经济学家乔治·斯蒂格勒（George J. Stigler）认为，一个企业的活动包含了许多职能，分工或专业化过程，就是企业职能不断地分离出去，其他专业化的企业专门承担这些职能的过程。以服务业为主的第三产业的发展，是社会分工的产物，可以说，服务业中每一个行业或部门的出现都是分工发展的产物。

现代制度经济学把制造业生产成本分成物质制造成本和交易成本两部分。社会劳动分工的深化必然导致生产者之间

所交换的商品数目和规模的扩大，因此，各种交易成本将直线上升，将分工提高效率的利益抵消。如此说来，社会专业化分工越细，交易成本就越高。在此种情况下，就必须有一些中介组织提供服务来降低交易成本。承担这种职能的第三产业遂应运而生。

浙江后续动力因子与城镇化融合式生长的逻辑起点是产业集群，而产业集群的出现既适应了社会专业化分工，又降低了制造业中的交易成本。分工与专业化下的产业集群既是现代生产方式变革的主要特征，又在客观上促进了第三产业的产生。

前面已经证明，第三产业对于城镇化的作用相比第二产业更为明显。第三产业是直接面对生产者、消费者的服务性产业，离开了密集的城市消费者群体，第三产业就会如离水之鱼难以生存。另一方面，制造业对城镇的影响只是量的影响，而第三产业是城镇化实现"质"的进步的加速器。制造业的发展有时并不依赖于本地的市场容量，其生产和消费在时间和空间上可以分开。而第三产业的生产和消费在时间和空间上是不可分的，其规模对当地的市场容量依赖性很强。因此服务业基地需要聚集于城市，城镇容量越大，市场容量越大，第三产业规模越大，越能实现规模经济与范围经济。

浙江城镇在产业集群主导下，后续动力与城镇化已经融为一体，而湖北农村城镇的产业支撑在整体上弱于浙江，即使一些城镇化水平较高的地方，由于城镇产业也较多地依赖于一个或几个大型企业，没有能形成像浙江那样的产业集群，城镇化与后续动力呈现出断裂生长的格局（如表5－11所示）。以一些发展状况较好的湖北名镇为例，在湖北，后续动力与城镇化相割裂的现象十分突出。

表 5 – 11　　　　　　　　湖北名镇后续动力与城镇化结合情况

专业镇	根本动力因子	后续动力因子	后续动力因子与城镇结合情况
大冶市陈贵镇	矿业开发，以矿兴业	通过矿业带动了旅游商贸、交通运输等第三产业类型企业数十家。消费性场所比较健全	陈贵矿业集团有限公司在城镇建设方面投资较多。但一些矿业生产性服务依赖于黄石、武汉等，城镇化进程受到局限
钟祥市胡集镇	由磷业派生出来的化学工业、机电工业、建工建材、轻工轻纺四大工业	生产性服务业有一部分在胡集，一部分依赖于荆门、武汉	20世纪90年代曾入选全国"千强镇"，由于第三产业不发达，进入21世纪后，已长期落选
江夏区流芳街	第二产业较少	服务于高校的服务业比较发达	由于服务业较发达，城镇建设合理，但相当多的消费在武汉市城区实现
潜江市张金镇	形成了铝业、电力、服装、建材四大支柱产业	幸福实业自己兴办过一家三星级酒店、火电厂。现在处于停滞状态	服装企业倒闭后，张金镇产业以铝业、电力、建材为主，对第三产业带动作用不强，张金镇居民由以前就地就业走上大规模外出打工之路
监利县新沟镇	以粮油加工业为支柱产业	生产性服务业以农用物资维修为主。消费性服务业有档次较低的酒店、舞厅	银欣集团为新沟镇解决了部分剩余劳动力问题。但对生产性服务业促进作用较小。新沟镇农民大部分在外地打工

注：所有内容都来自于各镇政府网站。

　　从以上的分析我们可以发现，即使在湖北一些城镇化水平较高的地方，即便城镇化在乡镇企业的拉动下，也曾经有过辉煌的昨天，但由于城镇产业没有能够形成集群，因而第三产业没有能够成为推动城镇化的强劲后续动力，这些城镇要么衰落，要么发展缓慢，与浙江城镇化飞速发展趋势形成鲜明对比。

第四节　提高湖北农村城镇化后续动力机制的对策

湖北农村城镇化发展战略应适时把兴奋点转向第三产业，改变服务业比重过轻、吸纳就业过少的现状，使第三产业成为推动农村城镇化、调整经济结构、增加城乡就业的主渠道。具体来说，应从以下几个方面把第三产业与城镇化结合起来。

第一，从城镇化的产业转型方面，要加快轻工业和服务业发展，充分发挥轻工业劳动密集型特性，以丰富廉价的劳动力资源替代稀缺的资金资源，发展劳动密集型的轻工业，尤其是农产品加工业。要立足于当地资源，充分利用农村丰富的劳动力资源优势，将与农业产前、产中、产后相联系的服务业向城镇转移、集聚，扩大就业机会，吸纳更多的农村富余劳动力。

第二，从城镇化产业投资来源方面，要确立第三产业多元化发展主体。要充分发挥国家、集体和个人的积极性。除国有基础行业外，其余大多数行业，要坚持"谁投资、谁所有、谁受益"的原则，依靠社会各方面的力量，进一步放手发展集体、个体、私营和其他经济成分的农村第三产业。鼓励社会团体、城乡集体经济、私营企业和个人创办农村第三产业，可以以资金、房产、设备、技术、信息、劳务等各种形式投入农村第三产业。允许群众组织和社会团体开展以信息、咨询服务为主的经营活动，兴办农村第三产业经济实体，鼓励科研机构、大专院校到农村兴办各种形式的科技服务实体，并逐步实行企业化经营，对文化、医疗、体育等社会事业，也要进一步搞活经营、提供适应农村居民需要的服务。

第三，从城镇化基础设施建设突破口方面，要把小城镇建设与农民住房建设结合起来，促进农村非农产业的集聚和农民居住集中。要积极推动和鼓励在小城镇有稳定职业和收入的农民在小城镇定居，并鼓励与支持拟建新房的农民进入小城镇按规划要求建房。建房是我国农民储蓄的主要动机之一，迁移到小城镇居住更是大多数农民梦寐以求的目标。如果把农民住房建设与小城镇建设结合起来，不论是农民进小城镇自建住房，或是进入城镇购买商品房，都将促进相关产业的发展。

第四，从城镇化人力资源建设方面，要加强教育投入，以加快农村劳动力向城镇转移的步伐。众所周知，劳动力的素质与实现农村城镇化有着紧密的联系，因此，应加大教育投入，改进农村教育体制，提高农村劳动者的素质，加强职业技术教育和岗位培训，实行先培训后转移，尤其是组织青壮年劳动力学习一些技术技能，使其通过岗前培训获得一技之长，以扩大其择业的机会，从而促进农村人口城镇化。

第 六 章

湖北与浙江农村城镇化
文化动力机制比较

越来越多的理论和实证研究表明，曾被长期忽视的文化因素在经济社会发展中有着不可替代的作用。文化可以从许多很深远的层次上加以思考，在现代化的进程中，在各民族内部，在各阶层、各种族和各地区之间，存在着重大的文化差异。历史证明，文化落后的国家和地区要发展经济是艰难的，经济社会的发展本身也要求不能偏废文化。可以说，文化与经济本身就是同生、共存、相依发展的孪生姐妹，不论是在经济竞争力还是在综合国力背后，一个十分重要的支撑力就是文化。文化对经济发展推动力的大小实质上主要体现在对经济活动的支持度和贡献度的大小，它在市场经济条件下所体现的范畴更加广泛，其作用和影响也更加深入。因此，如果从深层次寻找农村城镇化的动因，农村城镇化并不是几个产业的简单组合与堆积，而是一些富有商业头脑和市场意识的人群的共同事业。

第一节　浙江精神与农村城镇化

一　浙江精神简介
浙江山多地少、人口稠密，是我国资源最匮乏的省份之一。但经济增长的决定性因素往往不在于资源的多寡，而取决于区域的文化。德国著名的历史学家和社会学家马克斯·韦伯（Max Weber）从"非经济因素"视角分析了资本主义经济孕育发展的基点，他在《新教伦理与资本主义精神》一书中认为，近代资本主义的兴起，除了经济本身的因素之外，还有一层文化的背景，即"资本主义精神"。在韦伯看来，考察资本主义兴起，应对构成西方资本主义复杂现象的各种机制逐一加以考察，就每一项发展而言，都应该问一下是否以及如何与资本主义精神相关。"资本主义的经济行为是依赖于利用交换机会来谋取利润的行为，亦即是依赖于（形式上）和平的获利机会的行为。"当然，在黄金欲的驱使下置任何道德于不顾而"残酷获利"的人，并不是产生"作为一种普遍现象的现代资本主义精神"的大众心态的代表。浙江精神正是资本主义精神在我国的一种集中体现。

中国传统文化可划分为中原传统农业文化和东南功利文化。东南功利文化主要集中在我国东南沿海一带，主体构成是吴越文化，即浙江精神。从城镇化的视角看，浙江精神表现为以下几方面：

第一，重商主义精神。浙江古称越国，很早就出现了商业活动。越国将军范蠡，弃官从商，成为历代富商大贾的楷模。隋唐以来，浙江的宁波（明州）、温州就成为海上贸易港，商业活动较为活跃。至两宋时期，特别是南宋，随着家庭手工业规模的不断扩大，浙江地区经济发展中雇工现象（资本主义雏形）较为普及，各种专业市场也得到了发展。正是在这样一种浓厚的商品经济氛围中，形成了浙江地区特有的重商轻儒的文化。永嘉学派的代表人物叶适更是以"经济自负"，反对空谈义理，坚持事功，并对孔孟以来的儒家心性之学进行批判，对儒家传统进行重新审视，因而永嘉之学被朱熹等"目为功利之学"。

第二，自强不息的精神，浙江人没有"等靠要"的依赖心理。改革开放之初，浙江省这个国家投资人均水平不足全国二分之一的地方，走出了一个个货郎担，他们跑码头、擦鞋子、开发廊、弹棉花、磨豆腐，经过埋头苦干，开创了一条条艰苦创业之路。吃苦耐劳成了浙江人在创业之初自强不息精神的具体体现。正是这股自强不息的精神，在经历了"千难万险、千辛万苦、千言万语、千山万水"的创业历程之后，浙江人成为在商海中挥洒自如、尽情搏击的"弄潮儿"。

第三，创新精神。改革开放的二十多年就是浙江人创造"第一"的二十多年。从第一个个体户的诞生到如今蓬勃发展、迅速壮大的民营企业，从第一个专业市场到辐射全国的市场大省，从号称全国第一个真正具有现代城市规定性的"农民城"到金温铁路的修筑，从承包飞机到第一辆在民营企业里诞生的汽车，从"犹抱琵琶半遮面"的"红帽子"经济到股份合作制的发明，从温台模式到义乌模式，等等，这些都是创新带来的奇迹。"但开风气不为师"，浙江人敢于冲破各种僵化观念和陈规陋习的束缚，具有第一个"吃螃蟹"的冒险精神。当我们的目光回到新的起点，我们欣喜地发现，敢为人先的浙江人继续在追求创新。面对纷至沓来的赞誉和掌声，他们没有沉醉于此，如何在保持已有优势的基础上自我突破，形成新优势，让浙江经济永驻活力，亮点频闪，浙江人开始探索一条从"低成本扩张"转向"差异型竞争优势"之路，"先行者"继续先行了。

第四，求真务实的精神。浙江经济发展体现了鲜明的讲求实效的风格。浙江人有两句名言：在外部争论中出名，在内部不争论中发展。浙江人不纠缠于姓社、姓资，姓公、姓私的讨论，他们"不论成分论发展"，对于符合本地实际、能带来实效的发展路子，无论外界有什么议论和压力，都能毫不动摇地坚持。浙江人能够从本地的实际出发，一乡一品，一镇一品，具有鲜明的区域经济的特点。浙江人具有务实的作风，他们"一分钱不嫌少"，从来不因"小"而不为，他们着眼于与人们生活息息相关的小商品：纽扣、领带、皮鞋、打火机、小五金、袜子、圆珠笔，等等，哪一行有钱赚就干哪一行。浙江人讲求效益，具有投资的理念，"能握微资以自营殖"，哪里有钱赚，他们就把钱投向哪里。为了拓展发展空间，他们纷纷"走出去"，将发展的触角伸到境外。目前，浙江已有4000多家民营企业获得自主进出口权，在境外设立的分支机构和营销机构已达100多个。

第五，坚忍不拔的精神。浙江人坚忍不拔的精神首先表现在资本积累过程中的坚持不懈。由于浙江经济基础薄弱，浙江经济发展的资金多是普通的浙江人用货郎担挑出来，一家人在家庭作坊里敲打出来的，但他们从来不曾因为资本原始积累的艰辛而半途而废。早在20世纪50年代末，正当"人民公社"运动在全国如火如荼之际，永嘉人就搞起了包产到户。"左"倾盛行期间，浙江许多地方仍然想方设法地发展家庭副业，"资本主义的尾巴割了又长、砍了又生"。浙江人的这股韧劲儿，使浙江人在创业过程中从不言败，并且游刃有余。

二 浙江精神与农村城镇化的可能性

主观能动性是人类区别于动物的一个根本特点，改革开放二十多年来，浙江人把"浙江精神"这种独特的主观能动性发挥到了极致，从而在农村城镇化中谱写了一个又一个壮丽的篇章。浙江精神对于农村城镇化的促进作用体现在以下几个方面：

1. 浙江精神孕育了浙江城镇化的产业细胞——民营经济

众所周知，浙江民营经济在农村城镇化中起了基础性作用，而浙江民营经济之所以能够在短期内突飞猛进地发展起来，关键在于浙江文化中特有的"民营情结"。叶适在他的"保富论"中就强调要以国家的力量保护地主与商人的土地财富和货币财富。而在财富的归属方面，"永嘉学派"就主张维护商人在市场上的"开阖、敛散、轻重之权"，以使商人能够"自利"。"永嘉学派"还公开反对国家取得对私人财富的轻重之权，反对国家把商人之利变成"国利"。这种维护私商，反对官商，与儒家文化历来主张"重官商、轻私商"的立场形成鲜明的对比。

正是在这种民营文化传统促进下，新中国成立以来，在全国普遍的发展公有经济、抑制个私经济的大政策背景下，浙江民营经济仍然顽强地生长出来，为改革开放以后浙江经济腾飞奠定了基础。数据统计显示，浙江工业经济中，非国有经济的产值比重从1978年的38%上升到2004年的95%以上，民营企业已突破20万户，注册资本超过1600亿元，2004年，全省民营经济增加值达2935亿元。浙江民营经济的繁荣，托起了浙江农村城镇化的腾飞之舟。

2. 浙江精神孕育了浙江城镇化的组织网络——产业集群

专业镇是浙江城镇化过程中特有的经济现象，专业镇往往通过产业集群，以令人惊叹的速度增长，而产业集群又是浙江几千年文化积淀的结果。从浙江产业集群发展的起点看，产业特定性要素在特定地理区域内的生成是该产业的产业集群兴起的核心要素。产业特定性要素不是传统经济学意义上的同质性要素（如土地、资本、劳动力等），而是迈克尔·波特（Michael E. Porter）所称的"专业性或特定性要素"，它被限制在技术型人力、先进的基础设施、专业知识领域及其他定义更明确、针对单一产业的异质型要素。这种生产要素是"非竞争性要素"或集群区域内企业的核心资源，它们难以在要素市场公开获得，其他地区的产业也很难模仿和替代，因此，这些产业特定性要素的低流动性特征，导致这些要素一旦在一定区域内生成，便凝结在当地难以向四周扩散，从而为外部环境合适时产业集群的兴起奠定了产业传统基础。

产业特定性知识往往需要经历一个漫长的积累与沉淀过程，并非短期内形成与发展成熟的。如温州鹿城区鞋类产业群的制鞋技术传统与嘉靖年间民间加工朝廷贡品有关，宁波服装产业群的产生源于唐代的"奉帮裁缝"、清代的"红帮裁缝"，而金华永康五金机械产业群自古就流传着"黄帝铸鼎"一说，并一直有"百工之乡"的美誉。历史上形成的这些产业特定知识历经几千年代代相传，形成一种只有身临其境或必须基于共同的实践活动才能潜移默化学习的意会知识（Tacit Knowledge），这种意会知识在地理空间的传播与扩散能力很弱，形成明显的区域性模块分布。

产业特定性知识的低流动性导致在一定区域内培育出大量技术工匠和特质劳动力，从而这一地区成为该产业在全国范围内的制造中心以及技艺高超的能工巧匠的集聚地。这又使得这些区域内人们的社会经济生活充满浓厚的产业氛围。由于这种产业氛围已经与当地的文化、习俗等融为一体，加之它在空间上的流动性很弱、不断强化成为笼罩在这一区域的"一团雾气"，于是催生了产业集群的兴起。

产业集群作为一种独特的产业组织形式，在浙江精神的作用下形成增长极，于是成为促进产业化与城镇化的同步发展动力。

3. 浙江精神孕育了浙江城镇化的制度基础——自下而上

诱致性制度变迁指的是现行制度安排的变更或替代，它由个人或群体在响应获利机会时自发倡导、组织和实行。而强制性制度变迁由政府命令和法律引入并实行。

浙江的城镇化是建立在制度创新基础之上的，其制度创新基本上可以说是一种内生型的诱致性制度变迁过程。这种制度创新不是外部力量的强制作用，而主要是以居民、企业家为主体在实践中不断探索，自愿选择，然后政府加以引导与规范的结果。这种模式的动力来源于传统文化和民间力量，其本质是一种自发的和内生的经济发展模式，其运行原理是在经济发展中，具有创新精神的民间企业家不断地模仿和创新，最终推动了浙江经济的发展和城镇化的实现。

浙江自下而上的城镇化模式表现在以下几个方面：首先，从城镇化发动的主体看，这是由浙江成千上万的经过传统商业文化长期熏陶的农民们，勇于创新、勇于冒险、突破传统农业的桎梏，依靠发展民间乡村工业和相关产业结出的硕果。其次，从浙江城镇化模式的演进路径看，是一种诱致性的制度创新过程。如龙港镇农民城，从创办到发展，国家投资在5%以下，主要靠居民自己出钱出力。最后，从浙江城镇化道路的类型看，其特点是自下而上民间发动的城镇化。浙江城镇的经济所有制结构转型过程，实质上是民营经济、个体经济逐渐成长并冲击国有大工业的过程。

4. 浙江精神孕育了浙江城镇化的人力资本——企业家

马歇尔（Alfred Marshall）把企业家看做经济社会的第四生产要素，另有学者宣称，经济增长的发动机是具有企业家精神的企业家。由此可见，企业家是社会进步不可或缺的动力。同样，企业家在农村城镇化中，也是一个不可或缺的要素。从企业家对农村城镇化中的要素贡献看，农村城镇化快速发展客观上要求劳动者尤其是管理者必须具有企业家精神，一个没有企业家精神的组织，要想在市场竞争中崛起简直是不可想象的。而浙江人正好具备了经济增长的这种最关键要素，并在农村城镇化中发挥了重要作用。浙江企业家精神具有与其他各地企业家共同之处，但又有自身的特点：

第一，创业意识特别强烈。为了创业，浙江人四海为家，什么苦都能吃。在浙江，几乎每一个成功的创业者都经历了创业的艰辛与风险的考验。他们白天当老板，晚上睡地板，不畏千难万险进行创业资本的积累。你办厂、我开店，人人争当"小老板"，人人都是具有创新精神的民间企业家，从而掀起了一波又一波的创业浪潮。

第二，敢想敢干、敢为人先的创新冒险精神特别旺盛。创新是一个民族进步的灵魂，是一个国家兴旺发达的不竭动力，浙江人民在创业过程中表现出的一种可贵的精神品质是思想解放，而且这种精神品质在浙江人身上表现得尤为突出，只要能够发展经济，浙江人敢于冲破任何僵化体制的束缚，大胆进行一切有利于生产力发展、有利于提高生活水平的创新试验。

第三，勤于思考，灵活应变的市场意识特别敏锐。强烈的经营谋利动机和敏锐的市场意识，调动了浙江创业者大脑里的每一根神经。浙江人在遇到困难和挫折时，能够想方设法、灵活变通、及时调整思路和策略。这种敏锐的市场意识和灵活的经营策略使浙江企业家在激烈的竞争中抓住了一个个商机，进而做大做强。

企业家的直接作用是带动了经济增长，而当地域上的限制妨碍了浙江经济这条巨龙进一步腾飞时，浙江人特有的企业家精神又一次展现无遗，在外部环境还不成熟时，他们勇敢地冲破农村社会与地域限制对经济增长的束缚，靠自己的力量创办起一个又一个的新城镇。

从图 6-1 可以看出，浙江精神正是通过孕育出民营经济、产业集群、自下而上的制度安排以及企业家等城镇化的四个要素，从而带动城镇经济发展和城镇规模扩大的，这又最终带动了城镇化水平的提高。

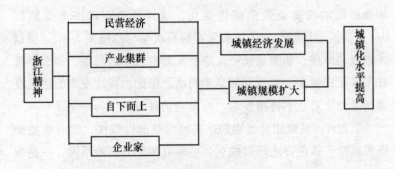

图 6-1 浙江精神对浙江城镇化作用机理图

三 浙江精神与农村城镇化的必然性

浙江"百工之乡"的特点以及历经几千年代代相传所学习的意会知识孕育了浙江精神，而一旦时机成熟，这种精神也一定会衍生出具有自身特色的城镇化。为了论证浙江精神对农村城镇化发展战略的作用，笔者将运用博弈模型加以探讨。在研究之前，笔者作出如下假定：

假设 1：城镇化中参与城镇建设的居民有两种策略：参与或者搭便车；如果居民参与的话，那么个人要承担相应的参与成本。

假设 2：政府采取产权激励的方式所带来的益处、农民改变身份成为城镇居民所带来的益处以及城镇化本身所带来的其他益处三方面因素可以激励居民参与城镇化。在至少有一个居民参与的前提下，由于每一个居民均能无偿享用城镇化所带来的外部正效应，因此，每一个居民的支付为 W。但是，如果所有的居民都选择搭便车行为，那么所有居民的报酬为 0。

假设 3：居民如果当期搭便车，当期不能立即被发现，居民依旧可以获得当期收益。但下期一定会被发现并遭到其他居民的指责（在浙江这样一个商业化普遍、攀比心理较严重的地区，其他居民的指责会使他被边缘化,这样他会在经济上受到损失),又假定搭便车的居民被发现后再次参与的概率为 η_1。根据动态规划原理,如果居民一次搭便车对自己不利的话,那么不管有多少次搭便车,对自身都是不利的。因此,搭过便车的居民在重新参与之后就不再搭便车,而是主动参与。

假设4:城镇化发展初期,居民增长速度较快,没有收益受损的风险。该假设之所以成立,主要有两个方面的原因:一是改革开放之初,浙江家庭作坊式的农村工业发展很快,而在当时卖方市场格局下,浙江小商品是不愁销路的。二是农村市场化改革调动了农民从事农业生产的积极性,也极大地增加了农民来自农业的收入。在这种情况下,进取精神与商业头脑就是决定经济发展与城镇化建设的关键因素。

基于上述假设,我们可以列出居民一次博弈的支付矩阵(见表6-1),当然,在得出支付矩阵之前,我们也同样作一个假定,即认为博弈中的两个居民都是同质的,事实上,这也是符合当时浙江的实际情况的,因为诸如温州的广大乡镇企业大多从家庭作坊起步,规模、资金都较小,技术水平也比较接近。

表6-1 浙江精神下参与城镇化的居民博弈

		居民 A	
		参与	搭便车
居民 B	参与	W—C, W—C	W—C, W
	搭便车	W, W—C	0, 0

表6-1的支付矩阵所显示的一次博弈纯战略均衡解有一个即(搭便车,搭便车),这时农村城镇化将进入停滞状态。然而,浙江精神对于农村城镇化的关键作用就在于,它能使一次性

博弈自动扩展为无限重复博弈。究其原因，一是由于浙江居民具有全民皆商的传统，这种传统所形成的产业集群客观上需要靠城镇化来提升。而精明的浙江人基本上都能够意识到自己率先参与城镇化建设对于自己的企业发展具有先发优势，因此，他们主观上也希望参与城镇化。这也是龙港这个中国农民第一城之所以短期内靠农民自身力量发展起来的主要原因。二是浙江精神本质上是一种资本主义精神，而资本主义精神又是以孳息繁衍和长期投资为核心内容，因而，浙江居民在城镇化决策上必然不是一次性的"一锤子交易"，他们一般会选择长期重复博弈战略。三是浙江居民攀比心理和品牌意识强，他们对于市场变化的反应非常敏感。在改革开放之初几乎接近于自由竞争的市场格局下，有超前意识和商业头脑的居民们往往会选择投身城镇化，以增强自己企业的知名度，树立自己在大众中间的良好形象。形象和知名度作为一种垄断因素，有利于企业在激烈的市场竞争中站稳脚跟。因此，城镇化中只要有了浙江精神，居民彼此之间就构成了无限期条件下的重复博弈。我们只考察居民不愿搭便车一次的条件。令 v_1 表示居民一直积极参与城镇化时获得的预期收益的现值；v_2 表示居民因搭便车而造成收益受损的现值；δ 为贴现因子。基于此，我们可以列出 v_1 和 v_2 的基本公式。

$$v_1 = (W - C) + \delta v_1 \Rightarrow v_1 = \frac{(W - C)}{1 - \delta}$$

$$v_2 = [\eta_1(W - C) + \eta_1 \delta v_1] + (1 - \eta_1) \cdot \delta + (1 - \eta_1) \cdot \delta v_2 \Rightarrow$$

$$v_2 = \eta_1 v_1 + (1 - \eta_1)\delta v_2 \Rightarrow v_2 = \frac{\eta_1}{[1 - (1 - \eta_1)\delta]} v_1$$

假如参与城镇化对于居民所带来的收益为某一固定数量 W_1^*，而只要满足当精神动力足够强烈这一条件，使得收益的这

一固定数量 W_1^* 的现值小于搭便车的预期现值，就能有效地杜绝居民搭便车现象。这一条件用不等式表示为 $W + \delta v_2 \leqslant v_1$。根据上两个式子的结果，可以进一步求解：

$$W + \frac{\delta \eta_1}{[1 - (1 - \eta_1)\delta(1 - \delta)]} \frac{(W - C)}{(1 - \delta)} \leqslant \frac{(W - C)}{(1 - \delta)} \Rightarrow W + (W -$$

$$C) \left\{ \frac{(\delta - 1)}{[1 - (1 - \eta_1)\delta] \cdot (1 - \delta)} \right\} \leqslant 0$$

$$\Rightarrow W \geqslant \frac{C}{\delta(1 - \eta_1)} = W_1^*$$

根据以上公式可以看到，如果以精神动力作为驱动居民参与城镇化的积极性的话，那么只要居民的城镇化收益等于 W_1^*，并且 $W_1^* \geqslant C$，精神动力的关键作用就可以发挥出来。根据对浙江城镇化发展过程分析可见，浙江产业特点和专业板块具有排他性和不可复制性的特点，因此，在浙江精神这一理念的熏陶下，城镇化对于产业的提升作用足以保证上一条件得以满足。因此，浙江精神作用下的城镇化具有其发生与发展的必然性。

第二节　湖北与浙江文化差距及对农村城镇化的影响

湖北地处中原，由于深居内陆地区，自古以来，这里一直是以农耕经济为主，农耕文化根深蒂固。在这种群体文化氛围中，守旧观念、守土观念、平均主义观念、害怕风险观念、看不惯心理、"等靠要"思想以及等级观念、官本位意识等自然经济观念交织在一起，构成一个封闭的文化意识圈，形成一种群体性的思维和行为定式。因而在市场竞争中，导致偏安求稳的心态，缺乏强烈的致富冲动与商业冒险精神，又对别人的致富看不惯、不满。这种守旧、保守的思想观念，无疑是制约湖北农村城镇化发展的内在原因。

农耕文化对湖北农村城镇化的锁定作用表现在它使湖北居民缺乏长期投资与制造利润的积极性，因而城镇化必要条件之一——居民之间的无限重复博弈在城镇化中难以形成。城镇化被限制在"囚徒困境"之中，表现为居民大都选择"搭便车"行为而没有主动参与城镇化的倾向。

农村城镇化本质上需要当地居民具有与现代化相适应的精神状态，但湖北的农耕文化传统在农村城镇化中起了不可估量的阻碍作用：

1. 农耕文化导致了民营经济发育迟缓

前文的研究已经表明，文化是经济发展的一个内生变量，某种文化如果适应了该区域经济的发展，必将推动该地区民营经济的持续发展；相反，则会阻碍民营经济的发展。湖北民营经济的发展之所以远远落后于浙江，两地区域文化对其民营经济发展的影响不能不说是一个重要因素。从表6-2可以看出，湖北区域文化与民营经济发展对文化的要求存在巨大差距。

表6-2　　湖北区域文化与民营经济对区域文化的要求比较

民营经济对区域文化的要求	良性结果	湖北的区域文化	恶性结果
在"利"和"义"的关系上，强调"以利合义"、"义利并立"	勇于挣钱，敢于创业	在"利"和"义"的关系上，重义轻利	耻于言利，不敢冒富利

民营经济对区域文化的要求	良性结果	湖北的区域文化	恶性结果
在人生价值取向上，以货币和利润为衡量人生价值的主要标准	有利于城镇产业形成，有利于专业经济在一些区域上聚集	在人生价值取向上，不以挣钱多少为荣，而以能否进国家、事业单位或较为稳定的国企为荣	导致民营经济生长缓慢
在进取精神上，敢为人先、敢冒风险、人人争当小老板	不仅自己的就业无忧，还解决了其他人的就业问题	在进取精神上，怕担风险，求稳怕乱，只想找个企业打工	导致居民就业问题成为城镇头号问题。大多数农民只能走外出打工之路
在对待企业与财富关系上，把财富作为发展企业的事业心	有利于企业在城镇化决策方面采取长期策略	在对待企业与财富关系上，把企业作为发家致富的发财观	导致城镇化决策上采取一些短期行为
在投资与消费关系上，具有"白天当老板、晚上睡地板"的聚沙成塔精神	有利于民营经济的原始资本积累	在投资与消费关系上，"好吃懒做"的重消费、轻投资心理	虽然消费性产业有一定发展，但城镇化根本动力因子发展缓慢

　　从表6-2可以看到，湖北居民的社会心理在诸多方面都与民营经济发展背道而驰，即，湖北民营经济发展缓慢与湖北居民区域文化保守有很大关系。笔者曾在江汉平原腹地湖北监利县新沟镇进行调查。监利县政府部门一直把劳务输出作为支柱产业予以扶持，其目的之一就是希望外出打工人员能够通过"干中学"，学到沿海地区一些创业经验，创办企业后为家乡转移更多的剩余劳动力。在政府的鼓励下，监利县也的确成为一个劳务输出大县。但从外出打工人员的创业情况看，能够从打工者演变成企业家的人士微乎其微。该镇F村最近十多年来每年外出打工人员达500余人，其中年龄最大者54岁，最小者15岁。但近10

年来没有一个人能够创立起一个像样的企业。从就业状态看，大多数人在非正规部门工作，诸如擦皮鞋、卖烤肉串、守厕所、卖苦力、拾破烂、做小生意（如摆水果摊、开小餐馆、开小杂货店）等等。而能够在民营企业找一份技术活的只占少数。尤其令人失望的是，相当多的人自从 20 世纪 80 年代中期以来，长期从事一项固定的工作，而不思创业。一些人年纪大了以后，由于不适应企业的技术结构转换，被企业辞退，在这种情况下，他们要么回乡务农，要么在城市里从事技术含量更低、劳力更重的工作。1995 年到 2003 年，F 村村民张某在广州一家大酒店守厕所，由于张某"嘴巴甜"，靠向有钱人收小费，几年下来赚了一百多万家产，但 2004 年以来，广州的多数酒店决定取缔该行业，从而砸掉了张某的金饭碗，一些朋友闻讯后，力邀张某去创业，但张某担心亏损，最后通过一个朋友介绍，在监利县城摆起了水果摊。

从笔者调查的资料看，湖北居民普遍厌恶风险、追求稳定心态。笔者在调查外出务工人员的收入状况时，发现他们大都比较安于现状，当他们谈到每月扣除吃住费用后，还有 1000 元左右结余时，满足之情溢于言表。

湖北相当多的居民消费倾向较强，与浙江居民节俭创业形成鲜明的对比。浙江居民挣钱后首先想到的是创业，而湖北居民在外挣钱后，首先想到的是回家盖房子、添置家具和吃喝玩乐。新沟镇每到春节前后，消费性娱乐业就出现畸形繁荣，娱乐场所、小酒馆生意爆满，里面大都是回乡务工人员在消费。近年来中央的惠农政策使农民收入增长较快，而湖北农村打牌、赌博之风有增无减，湖北一些居民不思进取的精神面貌急需矫正。

2. 农耕文化导致了农村城镇化制度安排中的自上而下倾向

浙江农村城镇化主要表现为需求诱致型的自发创新，地方政府在制度创新中充当了次级行动集团角色，为初级行动集团获取潜在利润而供给新的制度安排。当地居民基本上充当了初级行动集团的角色，他们在城镇化中发挥了主体性作用。而湖北农村城镇化中，居民本身所作的贡献相对比较小，对政府的依赖性较强，表现为自上而下的城镇化模式。表 6-3 是湖北区域文化与自下而上城镇化对区域文化要求之间存在的差距。两种城镇化道路上的差别，也与当地区域居民文化有很大关系。

表 6-3　　湖北区域文化与自下而上城镇化对区域文化的要求比较

自下而上的城镇化对区域文化的要求	良性结果	湖北的区域文化	恶性结果
自由平等的观念、商本位意识	商业繁荣，城镇产业兴旺	等级意识、官本位意识	企业家争着当官，捞级别，导致城镇产业萧条
自主意识、首创意识，敢打"擦边球"、在制度的边际上创新	不依赖政府，充分调动了居民自身投入城镇化的主动性	"等靠要"意识	把政府看做衣食父母，把城镇化的希望寄托在政府头上
在城镇化途径上，倾向于寻利意识	把城镇化与居民自身的发展联系在一起	在城镇化途径上，倾向于寻租意识	把城镇化看做是政府部门的事

自主意识与首创意识对于城镇化具有重大的影响作用。改革开放初期，浙江省大多数地方政府仍然沿用一些老的管理办法，从而阻碍了城镇化的发展步伐。但浙江居民敢打"擦边球"、敢在制度的边际上创新的自主意识充分地发挥出来。例如，早在1978年，在国家政策还没有出现松动时，义乌稠城、廿三里两镇的农民就自发地在镇的街道两旁摆起了地摊，不久又很快发展

成"马路市场"。但 1982 年以前，在马路上摆摊设点仍然被视为非法，该年初春，农家妇女冯某在兜售鸡蛋时，提篮被城管部门强行没收，冯某愤怒地冲进新任县委书记的办公室，与之据理力争。冯某的首创意识打动了这位政府官员，1982 年 11 月，义乌县委提出"四个允许"：允许农民进城经商，允许长途贩运，允许城市市场开放，允许多渠道竞争。以此为起点，义乌城镇化走上了迅猛发展的轨道。从此例中，我们不能不说是浙江特有的文化意识推动了政府制度供给创新，而政府部门也顺应了浙江人民市场化的要求。

反观湖北居民文化个性，湖北居民一般比较安分守己，因循守旧。特别是在改革开放之初，他们长期习惯于听从上级安排，在涉及与自身利益有关的制度安排方面，他们一般倾向于采取逆来顺受的策略，少有敢与政府官员"争个长短"的居民。这种守成意识不能不说是湖北农村城镇化水平落后的一个重要原因。

浙江农村城镇化中，居民广泛存在寻利意识，而湖北居民广泛存在寻租意识。

所谓寻利，是指当一个企业家成功地开发了一项新技术或新产品，他就能享受高于其他企业的超额收入。寻利是正常的市场自由竞争机制的表现，是自由竞争条件下市场主体的正和博弈，其作用是促进技术进步，降低成本，开发新产品，形成对企业家创新才能的巨大激励。寻利活动是对于新增社会经济利益的追求，它依赖于生产性活动，因而能够产生社会剩余，增进社会的福利。寻利反映了经济活动中新增价值的形成，而不是已经形成的价值转移。但是，如果人们追求的是既得的社会经济利益，其活动的性质就变成了寻租。这类活动的特征是，虽然它们消耗了实际的社会资源，但却与产出毫无关系。在这种情况下，人们不再是通过增加生产、降低成本来寻利，而是把资源投入到诸如游说、贿赂等非生产性活动。当然，寻租活动有些是非法的，也有些是合法的，但它们本质上都是一种负和博弈，对社会进步没有好处。

实际上，寻利方式与寻租方式都是企业获取利益的一种途径，企业是倾向寻利还是寻租，主要取决于成本与收益比较。而成本与收益则很大程度上由资源禀赋、人文环境等因素决定。而在城镇化过程中，决定进程快慢的关键变量是居民对于创新的态度及产业基础。

浙江人之所以倾向于通过自主创新而不是通过寻租方式获取利益，与浙江文化密切相关。新中国成立以来，浙江是中央政府投资最少的省份之一，而十一届三中全会前长期压制私营经济，使浙江居民（特别是农民）没有内陆居民那样强烈的寻求计划经济体制下"父爱主义"保护的心理需求。阿瑟·刘易斯（Arthur Lewis）认为，在某些情况下，统治阶级对一个集团的歧视会使这个集团在主流社会所不感兴趣的方面显示出强有力的发展。比如犹太人商业意识之所以特别强烈，主要因为中世纪前整个欧洲普遍把经商赚钱这种谋生手段看做是低贱的职业，而经商又几乎是流离失所的犹太人可供选择的唯一生存机会，于是他们不得不集中于这一行业。可见，歧视最终反而成就了一个人类历史上最善经营的民族。

阿瑟·刘易斯的上述见解有助于我们理解浙江农民强烈的自主创新精神在农村城镇化中的作用。浙江居民"父爱主义"心理需求缺失，使他们更专注于工商业，而不大关心政治。加之浙江人长期以来以自己的勤奋和聪明习得了许多谋生的好手艺，使他们对于通过创新来增进收益驾轻就熟，而在改革开放初期全国商品供不应求这一大背景下，创新途径所得到的垄断利润也能轻易得以实现。当然，创新所获得的垄断利润可以通过耗散的方式转化为全社会的平均利润，但内陆居民思想解放的步伐总是赶不上浙江人，所以，浙江人的创新所带来的垄断利润长期都能得以维持。因此，在城镇化途径上，通过自主创新的自下而上方式所得到的利润有时比通过寻租等自上而下方式得到的资金似乎更胜一筹。所以，浙江人更倾向于"找市场"，而不是"找市长"。

湖北地处我国中部，省会武汉更是号称"九省通衢"，历来是中央政府关注的中心区域，计划经济时期是国家投资较多的省份之一。区位优势与中央重视反而使得湖北人具有较强的依赖意识，在对待自身与政府关系上，湖北人具有较强的寻求政府保护的"父爱主义"情结，而较缺乏自主创新意识与竞争意识等。加之湖北人传统上思想正统，受儒家文化影响深，他们往往热衷于通过考学、参军、当官等正规途径来成为城镇居民，而把一些维持生计的技能与手工艺等视为偏门，往往不屑一顾。因而，通过创新来获得的垄断利润对于湖北人来讲，缺乏实实在在的产业支撑。相反，通过向政府部门要项目、要贷款等寻租方式来获得利益则要便捷得多。因此，在城镇化途径上，通过寻租等自上而下方式得到的资金比通过创新来获得垄断利润的自下而上方式，对湖北人更有吸引力。所以，湖北人更倾向于"找市长"，而不是"找市场"。

3. 农耕文化导致了农村城镇化过分依赖能人和大企业

浙江人特有的竞争意识使浙江乡镇经济呈现出以大量中小企业发展为主的特征。而认同集体目标的传统不仅对人们主动投身城镇化的行为构成了一定的激励，而且也在一定程度上修正了少数个体偏离城镇的行为。因此，浙江是一个千军万马共建农村城镇化的局面。从表6-4可以看到，湖北区域文化与城镇产业集群所要求的区域文化之间存在较大差距，这种差距使得城镇化往往表现出过度依赖一些能人或少数大企业的倾向。

表 6 - 4　　　　湖北区域文化与城镇产业集群发展要求差距

产业集群对区域文化的要求	良性结果	湖北的区域文化	恶性结果
平等意识与赶超思维	大多数普通居民都培育出创办企业的才能	神秘意识与服从思维	大多数人形成了对能人或大企业的依赖、崇拜意识
公平竞争与合作共赢心理	在城镇形成一大批中小企业，有利于在城镇形成产业集群	仇富与"捞一把"心理	对能人或大企业获得利润感到心理不平衡，自己并不迎头赶上，反而把城镇化的重任全压在他们头上

为了比较研究湖北与浙江农村城镇化在这方面的文化差距对城镇化进程的影响，我们在研究之前假定浙江城镇居民是同质的。而大多数湖北居民由于缺乏创业意识，只愿意做一个比较稳定的打工者，但偶尔也会出现少数具有企业家精神的能人，这些能人在政府的扶持下，有时也能创办出一些比较成功的大企业。所以，我们假定湖北城镇居民是异质的。这样，我们可以构建一个博弈框架，通过博弈模型来分析城镇化过程中居民之间的利益关系选择，即从均衡的角度来考察农村城镇化中的主体行为。在构建博弈框架之前，根据研究的需要及参与主体特征，作出如下假设：

（1）参与博弈的城镇居民有两个，分别是居民 1 与居民 2，两个居民可能同质，也可能异质，而他们的质用精神状态表示。其精神状态用 $A + X_1$、$A + X_2$ 表示，其中，$X_1 \geqslant X_2$，即，居民 1 的质不低于居民 2，A 表示自然精神状态，是居民作为自然人所必然具备的自利倾向。X_1、X_2 分别表示社会精神状态，是居民作为社会人、受社会区域文化影响的精神状态，比如冒险精神、长远意识等。

（2）居民从城镇化中所得到的收益是其精神状态的函数，按照经济学与社会学的观点，一般来说，精神状态的值越大，城镇化中居民得益越大，因此，不妨假定居民得益是精神状态的一次函数。两居民得益分别为 $KA + KX_1$、$KA + KX_2$。

（3）城镇化过程中，居民在各自精神状态下采用纯策略博弈，策略空间是主动参与者、搭便车，最终目的是实现自身利益最大化。

表 6 – 5　　　　　　　　精神状态对于城镇化的影响

		居民 1	
		参　与	搭便车
居民 2	参　与	$KA + KX_2 - C_2$, $KA + KX_1 - C_1$	$KA + KX_2 - C_2 - L (X_1 - X_2)$, $KA + KX_1 - L (X_1 - X_2)$
	搭便车	$KA + KX_2 - L (X_1 - X_2)$, $KA + KX_1 - C_1 - L (X_1 - X_2)$	0, 0

在表 6 – 5 中，C_1、C_2 分别表示居民投入城镇化所需要付出的实际成本，由于同处一镇的居民投入城镇化需要资源，若一方投入而另一方搭便车，则他将耗损资源，从而削弱其竞争力，因而也会造成一定损失，以 $L (X_1 - X_2)$ 表示（$L > 0$），另外，由于质高的居民（如能人，大企业）具有比质低的居民更强的利用城镇化效应的能力，因此，把这种损失表示成居民质的差距的函数是符合实际情况的。

显然，当同时满足条件 $(X_1 - X_2) \leqslant C_1 / L$、$(X_1 - X_2) \leqslant C_2 / L$ 时，即居民精神状态差距在一定范围内时，两居民博弈的

纳什均衡为（参与，参与），而随着两居民质的差距逐渐扩大，使得（$X_1 - X_2$）≥C_1/L、（$X_1 - X_2$）≥C_2/L 时，纳什均衡为（搭便车，搭便车）。

浙江居民精神状态高，居民的质比较接近，加之有认同集体目标的传统，因而纳什均衡是共同参与。而在湖北一些城镇，能人（或者大企业）的质较高，一般居民（或者小企业）的质较低，特别是相当多的普通居民存在"仇富"心理。而当两居民的质、资产等差距达到一定程度后，双方的博弈格局就会发生改变，即在（$X_1 - X_2$）≥C_1/L、（$X_1 - X_2$）≤C_2/L 情况下，双方在城镇化博弈的纳什均衡是（参与，搭便车），就会出现一般居民（小企业）剥削能人（大企业）的现象，这也正是包括湖北在内的广大中部地区农村城镇经济发展中普遍见到的一种现象。

解决上述博弈困境的较好途径是对能人（大企业）进行奖励，而在资金稀缺的湖北，这种奖励的一般方式是政府对能人予以政治奖励（如被评选为人大代表、政协委员等）。这虽然在一定程度上刺激了能人参与城镇化的积极性，但有时会使得能人产生一种不利于企业长远目标的独裁意识。小企业的剥削与政府不当扶持有时会削弱大企业的竞争力，最终反而使城镇化走向死胡同。

典型的案例是潜江市张金镇城镇化进程。张金镇绝大多数居民都只愿意打工，不愿冒风险，但能人周某在政府扶持下办起了幸福服装厂（1992 年改组为幸福集团），以后又成功地在上海证券交易所上市（股票名：幸福实业）。周某与幸福服装厂的成功解决了大量农村剩余劳动力，在鼎盛时期，幸福服装厂几千人同时上下班成为张金镇一道独特的风景，因而，这也推动了张金镇第三产业的迅猛发展。同时，幸福服装厂还承担了张金镇城镇建设的大部分建设费用。昔日的张金镇一派繁荣景象，20 世纪 80

年代后20年中，张金镇曾十多次被命名为湖北省十佳乡镇。周某也获得了殊荣，连续3次当选全国人大代表，数次受到国家领导人接见。周某在张金镇（包括在潜江市）无人能及的农民企业家地位以及政府坚强的后盾使周某滋生了一种非常危险的独裁意识，大的项目全由周一人说了算。在后来被认为是导致幸福实业倒闭的关键诱因——"三大工程"（铝厂、电厂和变电站）上，周的盲目决策负有不可推卸的责任。

幸福集团倒闭后，对张金镇城镇化产生了不可估量的影响，目前张金镇主导产业是铝材与电力，而这些行业都是资本密集型和技术密集型，它们对劳动力的需求弹性系数不大，大多数劳动力无法在张金镇就业，从而走上外出打工的道路，2003年曾因包50多辆豪华大客车在2辆警车护送下，南下广东打工而引起轰动。今日的张金镇人烟稀少、市面冷落，早已失去了往日的繁华。

从张金镇与幸福集团由盛转衰的历程可以看到，城镇化希望不能完全寄托在某一大企业身上，而企业的成长也不能单靠政府的一味扶持。对企业家而言，最有意义的东西是使他们永葆创业时的激情与科学合理的现代管理制度，而这种都无法通过政府扶持得到，只能来源于一个具有大量勇于进取的企业家群体。只有这样一个群体，才使企业家时时刻刻有一把竞争的利剑高悬于头上，也使城镇有一个实实在在的产业支撑。

4. 农耕文化导致了农村城镇化不是依赖人力资源，而是依赖于自然资源

浙江是一个自然资源相对贫乏的省份，人均资源拥有量只相当于全国平均水平的11.5%，位居全国倒数第三。浙江人从一开始就不具有靠上苍的恩惠吃饭的条件，这也使浙江人面临着比内陆居民相对更大的生存压力，但这也削弱了浙江人对于外界自

然的消极依赖心理,反而逼迫他们在市场竞争中必须比别人更勤于思考,比别人花更多的心思去捕捉商机。而濒临海洋的自然优势,使浙江人磨砺出了自己救自己的自强不息的精神品质。土地资源的匮乏以及海洋文明的熏陶使得浙江人"重土轻迁"的观念较为淡薄,他们更容易摆脱对土地的依恋,养成四海为家、走南闯北的性格特征。

表6-6   湖北区域文化与城镇化人力资源导向发展模式要求差距

人力资源依赖型城镇化对区域文化的要求	良性结果	湖北的区域文化	恶性结果
"无中生有"、"无米找炊"的市场开拓意识	能使资源最稀缺的地方成为全国最大的市场。如:没有羊毛的城镇成为最大的羊毛专业市场;没有森林的城镇成为最大的木地板基地	"靠山吃山、靠水吃水"的资源依赖意识	具有资源优势的城镇经济发展相对较好(但资源过度开发、环境污染也较严重),而资源稀缺的地方只能甘于贫穷
"想尽千方百计、走过千山万水、说遍千言万语、历经千难万险"的全球战略意识	世界各地有市场的地方都能看到创业者的足迹	"穷家难舍、故土难离","金窝银窝不如穷窝"的恋土意识	导致人力资源不能流动,城镇陷入居民市场意识差与经济落后双循环陷阱

    湖北自然资源比浙江丰富,优越的资源优势与内陆农耕文化使湖北人缺乏闯荡四方的冒险精神,也使他们失去了在世界各地开阔眼界、锤炼意志的机会。当他们不能像浙江人那样具有全球化意识时,他们不得不把眼光放在世代居住的那块土地上。长期的积累,在湖北人心目中形成了"靠山吃山、靠水吃水"的资源依赖性格。这种资源依赖性格使一些有地域优势或者资源优势的地方城镇化能够获得较快发展,而资源相对匮乏或者区位优势

不明显的地方只能长期落后。

人力资源导向的城镇化与自然资源导向的城镇化两种发展模式的本质区别就在于两种资源的本质差别上。人力资源具有可无限开发、代代相传、良性循环的特点，而自然资源则具有总量有限性、恶意竞争性、生态破坏性等特征。

两种资源质的差别决定了它们城镇化模式具有不同的发展路径与前景。人力资源导向的城镇化必然是可持续的，城镇经济实力呈几何级数方式增长、可无限复制。而自然资源导向的城镇化必然是不可持续的，自然资源的逐步枯竭必然会使城镇经济随之衰减。

人力资源正是浙江农村城镇化最为关键的动力所在，人力资源的开发使嘉兴洪合镇这个不产羊毛的镇成为全国最大的羊毛专业市场，湖州南浔这个没有森林的地方却成为全国最大的木地板生产基地。但湖北一些发展势头较好的城镇却大多靠的是自然资源优势，其前景可堪忧虑。以湖北曾经进入过全国"千强镇"行列的四个乡镇为例，资源依赖的特点可见一斑，见表6-7：

表6-7　　　　　湖北部分名镇的自然资源依赖特点

乡镇名称	资源（或区位）优势
大冶市陈贵镇	主要靠矿业
钟祥市胡集镇	主要靠磷矿
江夏区流芳街	主要是因为流芳街被开辟为武汉一个新的高校园区
仙桃市干河办事处	干河办事处具有区位优势，是仙桃市政府所在地

从表6-7可以发现，湖北进入"千强镇"行列的乡镇，要么靠上苍的恩赐得到了天然矿产资源等一方宝地（如陈贵镇、胡集镇），要么是位于重要的经济发展中心（如干河办事处、流芳街），

而像浙江那样在资源稀缺、地处偏远的情况下，却照样进入"千强镇"行列的乡镇，在湖北几乎没有。另外，从 2005 年全国"千强镇"排名看，湖北进入"千强镇"行列的乡镇排名都在倒数 20 名以后，湖北与浙江城镇化差距令人匪夷所思，在笔者看来，湖北的城镇化水平要提高，靠天靠地都不如靠自己。

湖北与浙江农村城镇化进程比较，我们还可以从耗散结构与熵的角度进行考察。耗散结构理论是比利时布鲁塞尔非平衡统计物理学派领导人普利高津（Prigogine）于 1969 年提出的。它是研究一个开放系统在远离平衡的非线性区，从混沌向有序转化的机理和规律的理论。耗散结构理论的核心观点认为，远离平衡态的开放系统，通过不断地与外界进行物质和能量交换，在外部条件和系统内部某个序参量的变化达到一定阈值时，通过涨落，系统就可能发生突变，由原来的混沌无序状态，变为一种在时间、空间和功能上的有序结构，即耗散结构。而熵是系统微观层次混乱程度的一种度量，熵值越大系统越无序。因此要提高系统的有序程度，就必须采取有效措施降低系统的熵值。

浙江农村城镇化过程中，在尽量减少自然资源无效占用的前提下，充分注重了人力资源的开发，大家争相在世界的每一个角落开拓市场，既保护了生态环境，促进了社会和谐，又把世界各地的资源为我所用，实际上是在城镇化系统中注入了负熵流，使城镇化系统完成从低级无序向高级有序的转变，耗散结构得以形成。

而湖北农村城镇化过程中，由于居民冒险精神、创业意识差，而大量蜗居故土的人们只能把眼光盯在珍贵的自然资源上，加之自然资源具有比人力资源投资期短、见效快的特点，因此，在湖北，相当多的城镇出现资源过度开发现象，这里的居民文化也事实上是一种增熵文化。钟祥市胡集镇的黑恶势力为争夺采矿权，就曾有组织地进行过几次大规模械斗，而普通居民为了眼前利益非法开矿、盗矿现象更是层出不穷，荆门市与钟祥市两级政府虽数次严厉打击，但仍屡禁不止。而胡集镇这个资源丰富的城镇教育设施的确得到了改善，文化程度也得到了提高，但这里的居民外出创业意识反而更加淡薄，恋土意识也更浓厚了，由于天然矿产资源巨大利益的吸引，他们更不愿意离开曾经养育过他们的土地。自然资源依赖型城镇化过程实际上是在城镇中注入了增熵，使以前无序的系统更加无序。随着资源消耗的数量与日俱增，它对城镇化、现代化的作用越来越弱，胡集镇在 20 世纪 90 年代几次进入"千强镇"行列后，终因资源过度耗费，在 21 世纪之初被挤出列。而大冶市陈贵镇作为"湖北第一镇"，2005 年进入"千强镇"后，也于 2006 年被撤出全国"千强镇"行列。这充分说明，靠剥夺子孙后代赖以生存的资源来实现当今的城镇化，终归是一种短期行为，不是一条可持续的康庄大道。

第三节　提高湖北农村城镇化文化动力机制的对策

　　必须适应市场经济发展的要求，改造传统的湖北农耕文化，找准这种文化的创新点与不足，分清哪些是值得继承和发掘的优秀文化遗产和文化资源，哪些是应该抛弃的文化积淀，需要吸纳、补充哪些新的文化营养。只有这样，才能为湖北的城镇化与经济发展提供一个健康的文化环境。

　　第一，从政府部门入手、科学地界定政府的职能，树立严格按市场经济规律办事的区域文化意识。政府部门首先要树立市场经济的观念，坚决反对用计划的方法搞市场经济的错误做法。彻底去除政府官员的"泛政治化"思想，不要把经济问题和政治问题混为一谈，不要从政治的角度看经济问题，避免出现因为政治因素而束缚经济发展的现象。同时，要去除政府部门的衙门意识，增强服务意识，引进"小政府，大社会"的管理模式，提高政府的管理水平和服务效率。

第二，倡导创新精神，建立鼓励创业开拓的区域文化环境。江泽民指出，创新是一个民族的灵魂。源于人的创造力的创新是附加值最高的因素，是生产力的源泉。应按照"一切妨碍文化发展的思想观念都要坚决冲破，一切束缚文化发展的做法与规定都要改变，一切影响文化发展的体制弊端都要坚决革除"的要求，大力革除一切不符合对外开放和改革发展的体制、做法和规定，通过大胆创新找到具有湖北区域特色的发展思路。对创新精神的倡导，要从创新思想与创新价值观入手，鼓励冒险、宽容失败，对因循守旧、不思进取的思想作风要加以批判；对积极向上的精神因素要加以提炼、鼓励和宣传。

第三，以文化教育事业发展提升区域发展的文化底蕴。必须转变发展观念，加大对教育的投入和科技开发，提升区域经济社会发展的文化底蕴，形成对新知识、新技术的吸收和创新能力。经济市场化和社会现代化使人们的文化心理处于变革之中，但只有把新的观念和新的知识注入经济社会之中，才能提炼区域文化的精华，使之成为现代化的凝聚力和发展力。否则，盲目照搬浙江文化，也不会有实际的生命力，反而造成"橘生淮南则为橘，生于淮北则为枳"的状况。

第 七 章

湖北农村城镇化动力机制
跨越式发展的路径选择

如前所述，初始动力、根本动力、后续动力、文化动力是农村城镇化的四个基本动力要素。相对而言，浙江在以上几个方面都走到了全国的前列，显然，湖北农村城镇化要赶超浙江，不可能一蹴而就，应当建立一种能为各种要素合理有效利用与耦合的制度，通过机制创新实现城镇化动力机制的跨越式发展。同时，湖北农村城镇化在赶超浙江的过程中，既应认识到任务的必要性与艰巨性，更要认识到赶超过程中的可能性与现实性。作为农村城镇化及其动力机制跨越式增长研究的最终落脚点，应通过从理论与现实等多维视角的观察，厘清湖北农村城镇化动力机制的增长空间，挖掘城镇化进程中的潜在动力，并在尽可能短的时期内，将这种潜在动力转变成城镇化快速发展的现实推动力。

第一节 湖北农村城镇化动力机制赶超
浙江的理论视角

落后地区如何赶超先进地区一直是各个学术流派关注的焦点。从城镇化动力机制视角考察湖北赶超浙江的可能性与实现途径，理论界已经进行过广泛而深入的探讨，并形成了以下几种较有代表性的理论。

一　扩散理论与湖北农村城镇化动力机制赶超战略

农村城镇化是城镇经济发展到一定阶段的产物，因而，湖北与浙江城镇化差距说到底也是区域经济形成差距的结果。而如何缩小落后区域与先进地区城镇化动力机制差距，扩散理论进行了比较系统的论述。

以均衡概念为基础的新古典主义区域增长理论一度在区域经济分析中占有统治地位。认为在一个给定的不均衡区域经济状态中，只要存在完全竞争的市场，资本和劳动的逆向运动可实现总体效率与空间平等的最优结合，空间上的平等会自动实现。现实中暂时出现的区域差异仅仅是均衡机制失灵的表现，这种失衡主要产生于市场的不完善以及妨碍要素自由流动的制度性瓶颈。针对不均衡的区域经济状态，扩散理论应运而生。

新古典主义的扩散理论本身具有抽象化、理想化的特征。瑞典学派的主要代表人物贡纳尔·缪尔达尔（Gunnar Myrdal）对上述假设提出了强有力的挑战。1957 年，缪尔达尔提出了著名的累积循环模型，对上述假设提出了强有力的挑战。缪尔达尔指出，在发达地区和欠发达地区间的要素流动中，不仅仅是劳动，而且资本也会从欠发达地区流向发达地区。因而，不发达区域显示出一种下降的正反馈运动。结果，穷者更穷，富者更富。但缪尔达尔进一步指出，在循环累计因果作用过程中，从发达与不发达的关系上看，存在着扩散效应与回流效应。扩散效应由发达区域到不发达区域投资活动的流动构成，包括供给不发达区域产业发展的原材料或购买其产品，这有助于区域差异的缩小。回流效应是由流出不发达区域的劳动和资本所构成，这将引起不发达区域经济活动的衰退。

美国著名发展经济学家阿尔伯特·赫希曼（Albert O. Hirschmann）提出了与缪尔达尔相类似的观点，认为区域差异是经济发展的伴生物，是经济增长的条件。对应缪尔达尔的扩散效应与回流效应，赫希曼提出了极化效应和涓滴效应两个概念。在经济发展初期阶段，发达区域和不发达区域之间的极化效应处于主导地位，因而区域差异会逐渐扩大；但从长期看来，通过涓滴效应与极化效应来表现的市场机制使得后者暂时占优势时，周密的经济政策将会起作用，并试图纠正这种情况，因而，涓滴效应将足以缩小区域差异。显然，缪尔达尔与赫希曼的共通之处是他们都认识到，在经济起飞的早期，区域差异扩大是必然的现象，但在经济起飞的中后期，这种区域差距会逐渐缩小。由于两人的理论观点没有重大分歧，学术界往往把二者结合起来统称为"缪尔达尔—赫希曼假说"。

美国经济学家威廉森（J. G. Williamson）在实证的基础上对于区域经济差距也进行过研究，并提出了与以上假说有所区别的一种区域差异假说。他认为，一国在经济发展过程中的区域差距具有先趋异后趋同的长期变动趋势。在经济发展的早期阶段，一些先进地区的经济资源自由流动会导致区域间经济发展差距的扩大，当经济发展进入到成熟或起飞阶段后，整个地区间经济联系的加强、经济联系的日益紧密，资源的自由流动会使区域间的经济差距由扩大转向缩小，从而出现经济发展与区域差异之间呈现一种倒"U"型发展模式，即著名的威廉森倒"U"曲线，见图7-1。

就倒"U"曲线的前半段而言，新古典假说和"缪尔达尔—赫希曼假说"在内涵上是一致的，两种假说的区别在于分界点 P以后，按照新古典假说，倒"U"曲线经过该点后会自动向下弯曲，完成曲线的后半段。而在"缪尔达尔—赫希曼假说"那里，如果政府经济行为不在该点介入，威廉森曲线将朝右上方延伸，形成 M 曲线，如果政府在该点介入，则可完成倒"U"曲线的后半段。

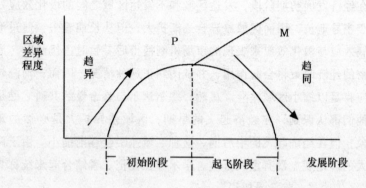

图 7 - 1　威廉森倒"U"曲线及其扩展形式

20 世纪 50 年代末 60 年代初，米尔顿·弗里德曼（Milton Friedman）、帕洛夫（Gary Kasparov）等人几乎同时提出了核心与边缘区域模型。将区域发展过程分为四个阶段：工业化过程以前资源配置阶段；核心边缘阶段；经济活动向边缘部分地域扩散阶段；空间经济一体化阶段。在第一阶段，一国的区域经济存在若干地区经济中心但彼此之间很少或没有经济联系。在第二阶段，由于受资源稀缺限制，工业化过程通常会在少数具有区位优势的原地区经济中心开始，受规模收益递增的影响，进入极化增长的累积循环过程，先行工业化地区成长为核心区域，其他地区为边缘区域。在此过程中，资本和劳动向核心区域流动。在第三阶段，人口和经济活动过度地集中在少数主导区域，引起集聚成本提高，土地费用上涨，极化增长赖以存在的规模收益递增转向它的反面，极化增长中累积循环过程开始向扩散效应倾斜。在第四阶段，少数主导区域已经丧失了原有的多侧面的主导地位，区域经济进入一体化过程，不仅涓滴效应明显，区域差异缩小，而且可以保证空间平等和总体效率之间并行不悖。

从以上的理论分析我们可以看出，一方面，区域"趋异"是经济发展过程中必然伴随的经济现象，它反映了资源流动并追求空间最优配置的要求；另一方面，区域差异存在一个"效应界限"，当趋异达到一定程度，发达区域能够对落后区域产生资源与效益的外溢效应时，说明区域趋异已经达到极限，并开始发挥正向的趋同效应。

笔者认为，在区域城镇化动力机制发展过程中，必然存在一种固有的趋势，即经济发达的"核心地区"的城镇化动力机制逐步扩散到经济落后的"边远地区"，并使"边远地区"的城镇化动力机制达到"核心地区"的水平。而产业扩散与梯度转移是城镇化动力机制转移的重要手段。在市场经济条件下，发达地区的边际产业在内外部力量的驱动下，借助企业的跨区投资活动，转移到欠发达地区，从而使产业在国内不同区域间发生空间转移，这是一种必然现象与过程。湖北作为华中核心地域，是中西部地区条件最好的省份，东部地区在向外进行扩散与产业梯度转移过程中，湖北必将具有得天独厚的优势，如果很好地抓住这一机遇，湖北农村城镇化动力机制将得到一个飞速提升，并在较短时期内完成对东部地区的赶超。

二　模仿创新理论与农村城镇化动力机制赶超战略

国外较早提出模仿创新这一概念的是韩国的金麟洙（金麟洙，1998 年），我国著名创新学家傅家骥、施培公等专门研究了企业的模仿创新。笔者认为模仿创新概念也同样适用于区域之间的竞争与合作。傅家骥根据创新进入市场时间的先后，将创新分为率先创新和模仿创新两个基本类型。所谓率先创新是指先发主体主要依靠自身的努力和探索，产生核心技术、生产经营模式或核心理念上的突破，并在此基础上率先实现市场开拓与经济增长，向社会推出全新的产品或率先实行一种发展模式的创新行为。所谓模仿创新是指在率先创新产生出来的新产品、采用新经营模式或生产方式的示范和利益诱导下，通过合法手段，后发主体通过学习模仿率先创新者的创新思路和创新行为，吸取率先创新者成功的经验和失败的教训，引进学习或破译率先创新的核心理念与经营模式，并在此基础上改进完善和进一步开拓市场的一种渐进性创新活动。可见，模仿创新并不是单纯的模仿，而是属于一种渐进性的创新行为，简单地说，模仿创新是后发者的创新。

　　湖北农村城镇化过程中，向浙江进行模仿创新可以分成知识引进、知识学习和知识创新三大阶段。如图7-2所示：

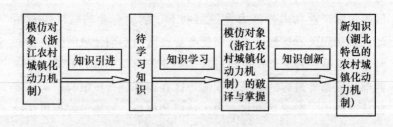

图7-2　模仿创新中的湖北农村城镇化动力机制

　　在知识引进阶段，湖北通过有效的知识转移渠道和方式，将模仿学习对象（浙江）的有关经验资料和知识载体等引入湖北。在引入浙江的知识中，往往既包含不少明晰知识（显性知识），也包含不少模糊知识（隐性知识），对湖北来说，这些知识构成了"知识黑箱"或"知识灰箱"。

在知识学习阶段，组织学习的主要任务是要通过"分解研究"、"反求工程"和"最新相关文献阅读"等多种途径，迅速打开这些"知识黑箱"或"知识灰箱"，将"箱"中的模糊知识成功转化为明晰知识，然后对这些已经明晰化的知识进行系统的集成与整合，从而实现对模仿对象（浙江农村城镇化动力机制）特别是其核心知识与诀窍的"破译"和掌握。这既是一个"知识挖掘"或"知识发现"过程，也是一个"知识整合"过程。更具体地说，该过程中的知识运动包括无知、感知、描述、控制、解释和全知等六个阶段。

在知识创新阶段，湖北的主要任务是要对模仿对象（浙江农村城镇化动力机制）的知识进行重组、变异、改进与创新，以创造出适合于湖北自身条件的新知识，并尽快将这些新知识"内化"或"物化"到湖北农村城镇化进程中，并力争超越模仿对象，实现后来居上的目标。这是"知识更新"或"知识进化"阶段，也是"知识内化"阶段——湖北农村城镇化将在模仿创新过程中积累和形成的显性知识，结合湖北的实际情况转化为自身的隐性知识，而这种隐性知识正是湖北赶超浙江的根本性因素。

湖北农村城镇化之所以要重视模仿创新策略，与模仿创新的属性密切相关。相对于自主创新而言，模仿创新至少具有以下两个优点：一方面，模仿创新成功率高。由于模仿创新模式是通过学习、模仿率先创新者的行为方式进行的创新活动，排除了会失败的创新目标和路径的选择。因此，模仿创新是对先进地区创新成功的方法进行改进，其创新的路径、方法、目标等有较好的可靠性，成功率自然要高得多。另一方面，模仿创新时间短、见效快。率先创新往往需要较长时间的摸索，面临的不确定因素较多

（比如浙江区域文化就经历过几千年的文化沉淀），而模仿创新是在成功经验基础上的改进和完善，速度比较快。尤其是有多种相似的发展方案可供选择和比较时，模仿创新能更清楚地看到农村城镇化的市场前景，可以针对本区域的实际情况进行更有效的创新。因此，在城镇化道路选择上，落后地区采用诱导模仿创新的制度安排，可以加快创新速度，少走弯路。

总之，大量的历史事实表明，成功地实现后来居上的发达国家和地区，虽区域情况存在差异，所处时代也不同，但在其工业化与城镇化发展的早期都有一段通过模仿创新促进支柱产业的形成和发展，提高产业竞争力，推动经济蓬勃发展的历史。即使是当今首屈一指的经济大国美国，历史上也曾是一个十分落后的农业国，正是其依靠对英国工业化与城镇化的模仿，从 18 世纪末至 20 世纪初第一次世界大战前，极大地提高了其国际经济地位。我们的邻国日本、韩国同样给我们有益的启示，尤其是韩国，直到 1961 年仍遭受着如今穷国面临的几乎所有的问题，但在短短的 30 年中，它就成为名列世界经济强国第 11 位的新兴工业化国家，其中的关键就是政府在工业化、城镇化发展模式上推动了模仿创新，在长期的模仿过程中积累了摆脱传统农业、实现工业化与现代化的能力，从而形成了城镇化的强有力动力机制。无疑，世界上相对落后国家或地区通过模仿创新迅速崛起的经验，为湖北农村城镇化动力机制实现赶超提供了活生生的例证。

三 后发优势理论与农村城镇化动力机制赶超战略

在工业化与区域经济增长理论研究中，国内外学者经常谈论的一个话题便是后发优势或落后得益理论。一大批发展中国家或者落后地区，在工业化与城镇化进程的赶超目标制定中，其依据的理论基础也往往是"后发优势"。

后发优势理论起源于英国古典经济学家亚当·斯密（Adam Smith）的绝对优势理论和大卫·李嘉图（David Ricardo）的比较优势理论，从那以后，国际学术界从资源禀赋理论、区位理论、制度理论、产业组织理论等各种角度来探求后发优势形成的原因和促成优势的生成机理。但对后发优势理论最具权威性表述的是美国社会学家 M. 列维（M. Levy）和经济史学家亚历山大·格申克龙（Alexander Gershenkron）。列维认为，作为现代化进程的后来者，第一个优势在于其现代化进程不再是像现代化的先行者所面临的未开发的领域；第二个优势是现代化的后来者具备了在许多方面借鉴先行者的可能性；第三个优势是后来者跳跃过先行者必须的现代化进程的一些早期阶段，以缩短实现现代化的历程；第四个优势是后来者通过对先行者所取得成就的认识，看到现代化前景从而对后来者产生激励并树立信心；最后一个优势是后来者能在其现代化进程中得到先行者在各个方面的帮助与支持。格申克龙在研究后发国家（地区）现代化过程中指出，后发优势主要体现在两个方面，一是后发国家（地区）能够从发达国家学习先进的成果来加快自己的发展，并从错误中吸取教训；二是后发国家（地区）的领导人和知识分子均具有落后的意识，从而为国家发起的现代化提供保证。当然，格申克龙同时也认为后发优势只是一种潜在的优势，落后国家（地区）要使潜在的优势变为现实的优势，还需要创造出一系列新的条件。

除上述两位学者之外，学术界还有一些大家对落后国家（地区）的后发优势作出过一些经典的阐述。俄国的托洛茨基把后发优势称为"历史落伍者的特权"，认为，虽然落后国家被迫跟随着发达国家（地区），但目前并不按照相同的秩序去做事，历史落伍者的特权是迫使自己采纳任何地方、任何时期已经完成的发展式样，从而越过整个居间的等级系列达到理想的目标。英国历史学家汤因比（Toynbee）在晚年对西方现代社会的反思中也蕴涵着这种思想，而且相当的乐观，他指出，今天发达国家的人民总是蔑视发展中国家的人民，采取怜悯、轻侮的态度，但不久两者的地位就会颠倒过来。对这些所谓落后的多数来说，将来要进入整个人类都应进入的安定的"世界国家"时，大概比起那些先进的少数来困难要少。这暗示着各国的命运都要戏剧性地逆转。历来的发达国家大概都不得不长期地陷入逆境中。相反，历来的后进国家倒可能较少痛苦地、较快地进入未来的世界安定国家。伯利兹（Belize）、保罗·克鲁格曼（Paul Krugman）等在总结发展中国家成功发展经验的基础上提出了基于后发优势的技术发展的"蛙跳"模型。"蛙跳"模型指出，技术发展到一定程度、本国（地区）已有一定的技术创新能力的前提下，先进与后进、发达与不发达并不是一成不变的，历史既有连续性、累积性，又有跳跃性和更替性，先发国与后发国是会兴衰交替的。

　　后发优势理论由西方学者提出以后，引起了广大发展中国家的浓厚兴趣，近几年我国学术界从各个不同的角度对后发优势理论进行了研究。罗荣渠从现代化的理论角度，归纳了后发优势的几种表现形式，并论证了它们在现代化发展历程中的重要作用和重要影响。陆德明从政治经济学的角度提出了基于后发优势的"发展动力理论"框架，提出了后发国家（地区）的发展动力转换假说，认为通过学习型追赶，后发国家（地区）与先发国家（地区）的发展差距逐步缩小，但总还有一恒定差距无法消除，要超越这一"最后最小差距"，后发国家（地区）的发展动力必须更新转换，即从原来的主要由后发利益驱动的引进学习转向主要由先发利益驱动的自主创新。郭熙保从发展经济学的基本理论出发，深入研究了西方经济追赶理论，对涉及后发优势与后发劣势的各种流派和观点进行了总结和归纳，并对全球化与信息化条件下后发优势与后发劣势的新变化作了有益的探索。

毫无疑问，城镇化作为现代化进程的重要内容，后发优势也是湖北农村城镇化动力机制赶超浙江的理论基础。而且落后地区施展自己的后发优势，尽快缩小与东部地区差距时机已经成熟。湖北作为中西部条件最优良的省份，随着改革开放进程的不断推进，其比较后发优势将逐步强化，发展机会也将逐渐增多，争取以最小的成本，用最短的时间率先实现城镇化赶超战略必将指日可待。

四　协同进化理论与农村城镇化动力机制赶超战略

生物系统经过几十亿年的进化优化了它的结构与功能，现存的物种都是长期竞争后的优胜者。因而，"进化"使生物系统的适应性与灵活性远优于机械系统。进化从本质上讲是一种生态过程，达尔文生物进化理论将生存斗争当成进化的动力与基本原则，然而，当前基于生物多样性的协同进化理论认为进化应当包括相互制约、相互依赖、相互受益的机制，优胜劣汰的生存竞争是协同进化的一种特殊形式。从更为一般的意义上讲，协同进化指生物与生物、生物与环境之间在进化过程中的某种依存关系，即，生态系统是相互依赖的系统，各物种之间是相互作用的，在这个系统中重要的不是个体，而是个体之间的相互关系。任何个体的重大变化都会使整个系统产生适应性反应，所以生物在进化的过程中，重要的是与环境的协同进化关系，根据环境的变化来调整自身的结构与行为。

生物保持与环境协同进化的一个重要前提就是生物的自组织、自学习机制。所谓自组织，就是维持和提高自己的组织功能以适应变化着的环境，它的基本特征是能够自我组织、自我适应、自我完善。生物要不断适应环境的变化才能生存和发展，而且这种适应往往是主动的适应，因为外界的干扰也可能对系统的发展方向产生重大的影响。所谓自学习就是生物作为复杂的适应性系统所具有的学习能力，通过学习，生物提高自身的环境适应性。

生物在进化的过程中具有间歇式平衡、连续性等特点，长期的、相对的生态平衡，会被由外界环境剧烈变化导致的大规模灭绝所打断。当生态开始形成后，它们通过连续性得以保存，在此期间生物进化呈现出相对稳定的状态，生物适应外界环境变化形成新物种需要若干年时间，生物进化更多地表现出协同进化的特征。

发展中大国不同经济层次的区域农村城镇化发展的历史，从一定意义上讲，是区域之间协同进化的历史。湖北与包括浙江在内的东部地区在农村城镇化过程中，其动力机制也存在协同进化的几个阶段。在传统农业社会时期，各区域内部的城镇化依托各自的自然因素独立完成，所谓国家作为一个整体而言的全面城市化，还没有提上议事日程。工业经济前期，各区域城镇化的发展主要依赖劳动力与物质资源的直接结合——"直接生产方式"是城镇化的主要动力，因而，各区域的动力机制具有较高的趋同性与替代性，城镇化动力机制之间呈现对抗性竞争。工业经济后期，社会分工进一步提高，任何一个区域必须与其他区域进行交换才能获得更强有力的增长动力源，区域之间开始出现相互依赖、相互制约的合作关系，发达地区与落后地区的城镇化也开始出现相互交流的倾向。而在新经济时期，知识、技术、人才等要素成为区域生存和发展的关键资源，区域之间不仅存在物质、信息和能量的交流，更重要的是存在竞争（资源的抢夺）、捕食（地域空间的吞噬）、附生（依托另一区域创造的生存资源和生存条件获得自身的成长）和共生（资源的共享或

互补）等生态行为以及自然选择（优胜劣汰）与协同进化
（区域创新体系）和演替（由低级到高级的转变）等生态功
能，也就是说，发展中大国不同区域之间的城镇化开始具有生
物群落的一些生态属性，落后地区与发达地区的城镇化将更紧
密地联系起来。

　　为了更好地说明湖北农村城镇化与东部地区城镇化动力机制
的协同进化，我们不妨用一个模型进行证明。表 7 – 1 是湖北与
东部地区农村城镇化动力机制协同进化模式。

　　在表 7 – 1 中，协同合作表明：湖北或东部采取的是合作态
度，双方互相支持和帮助，互利互惠；不合作表明：湖北和东部
采取的是不合作态度，在得益矩阵中，前者是指湖北的得益，后
者是指东部的得益。

表 7 – 1　湖北与东部地区农村城镇化动力机制协同进化

		东部	
		协同合作	不合作
湖	协同合作	a, a,	b, c
北	不合作	b, c	0, 0

　　根据实践经验，我们可以这样认为：当湖北与东部发达地区
均采取协同合作态度的时候，得到的收益均为 a（$a > 0$）；如果
双方都不合作，各自的得益均为 0；同样，双方有一方不合作的
得益也大于双方都不合作的得益，即东部发达地区（浙江）将
得到收益 b（$b > 0$），而落后地区（湖北）得到收益 c（$c > 0$），
且 $b > c$。根据实际情况可以假设：$a > c$。如果在东部地区城镇
中，有 X 的城镇采用协同合作策略（其中，X 表示企业数量的
百分比），有 $1 - X$ 的城镇采用不合作策略。那么，湖北的期望

得益和群体平均期望得益分别为：

$$u_1 = Xga + (1 - X)gb = aX + (1 - X)b$$

$$u_2 = Xgb + (1 - X)g_0 = bX$$

$$u = Xgu_1 + (1 - X)gu_2$$

$$= aX^2 + X(1 - X)b + (1 - X)bX$$

$$= aX^2 + 2b(1 - X)X$$

将上式代入学习和模仿模型 $Y = \beta i^n X (u_y - u)$ 中，得：

$$Y = \beta i^n X (1 - X)[(a - 2b)X + b] = 0$$

又因为 $\beta \neq 0, i^n \neq 0$，所以 $X_1 = 0, X_2 = 1, X_3 = b/(2b - a)$

又因为 $X_1 < X_3 < X_2$，所以 $0 < a < b$

对 Y 求关于 X 的导数，得：

$$Y'_x = \beta i^n \{(1 - X)[(a - 2b)X + b] - X[(a - 2b)X + b]$$

$$+ x(1 - x)(a - 2b)\}$$

$$= \beta i^n [(1 - 2X)(aX - 2bX + b) + (X - X^2)(a - 2b)]$$

$$= -3(a - 2b)X^2 + 2(a - 3b)X + b$$

对 Y'_x 再求关于 X 的导数，得：

$$Y'_x = -2\beta i^n (3aX - 6bX + 3b - a)$$

如果要使 Y 有最大值，Y'_x 必须小于 0，即：

$$3aX - 6bX + 3b - a > 0, (3a - 6b)X > a - 3b$$

当 $3a - 6b > 0$ 即 $a > 2b$ 时，$X > (a - 3b) / (3a - 6b)$

当 $3a - 6b < 0$ 即 $a < 2b$ 时，$X < (a - 3b) / (3a - 6b)$，才符合 Y 最大值的解。

当 $X = 0$ 时，$Y'_x = \beta i^n b > 0$；

当 $X = b/ (2b - a)$ 时，$Y'_x = \beta i^n b (a - b) / (2 - a) > 0$；

当 $X = 1$ 时，$Y'_x = \beta i^n (b - a) < 0$。

所以，$X = 1$ 是进化稳定策略，只有当 $X > \beta i^n b (2b - a)$ 时，

X 才能逐渐趋于 1。

从以上分析中可以看出，湖北农村城镇化动力机制虽然不如东部发达地区，但这并不是说湖北就不能实现城镇化跨越式发展。我们完全可以通过增加湖北城镇向东部学习和模仿的数目、学习和模仿人员的期望得益等方法来弥补这一不足。同时，随着人们经济发展和生活水平的提高，湖北农村城镇的学习能力也会逐渐随之提高。这样，在学习和模仿过程中，可以渐渐缩短学习和模仿的年限，实现农村城镇化跨越式发展。

从 $X > \beta_i^n b / (2b - a)$ 可知，湖北学习和模仿对象的比例 (X) 只要满足下列条件，即 $X > \beta_i^n b / (2b - a)$，湖北农村城镇化动力机制与东部地区差距就会逐步缩小。另一方面，湖北学习和模仿对象比例的大小，除学习能力因素外，还与双方合作时的各方得益 a 以及双方中有一方不合作时落后地区湖北的得益 b 有关。在 b 不变的情况下，通过增大 a，可以使协同进化稳定的学习和模仿对象比例扩大；在 a 不变的情况下，通过减少 b，也可以使进化稳定的学习和模仿对象比例扩大，并趋近于 1。因此，如果湖北采取各种优惠的办法，积极吸引外部投资和鼓励东部地区主动参与湖北农村城镇化，湖北赶超浙江，还是具有一定的现实可能性的。

第二节　湖北农村城镇化动力机制赶超浙江的实现条件与应然起点

以上从多个角度分析了湖北农村城镇化动力机制赶超浙江的理论可能性后，以下将从现实条件方面考察湖北赶超浙江的潜在可能性。

一 落后地区城镇化动力机制赶超、跨越式增长的实现条件

如前所述，农村城镇化是个自然历史进程，但这并不排除某个历史时期的某些地区的赶超式、跨越式发展。世界区域经济发展史昭示我们，凭借城镇化动力机制赶超式、跨越式发展，在一个国家内部，后进地区赶上发达地区的例子是屡见不鲜的。历史已经证明，城镇化动力机制赶超式、跨越式发展是落后国家和地区追赶先进国家的必由之路。但赶超式、跨越式发展不是在任何时期和地点都会发生的，它必须具备一定的条件。

1. 与先进地区的动力机制"落差"和全面开放是实现赶超式、跨越式发展的初始条件

后发地区农村城镇化进程落后、动力机制不足，拉大了同经济发达、动力强劲地区的距离，从而产生了可以跨越的空间。通过对先进国家和地区的开放，使自己认识到与先进国家和地区的差距，进而通过引进先进的因素，大幅度增加资本和技术投入，实现超常规发展。如果与先进国家不存在"落差"或实行地区封锁政策，那么跨越式发展也就无从谈起。

2. 制度和体制条件是实现赶超式、跨越式发展的关键

赶超式、跨越式发展是城镇化的非线形发展，而城镇化的非线形发展，实质是生产要素的高效配置过程。显然，任何配置过程都是在一定制度和体制下实现的，当制度和体制与城镇化相适应时，能够促进赶超式、跨越式发展的实现；反之，则会影响赶超式、跨越式发展，甚至导致"负赶超"现象。因此，落后地区在研究赶超式、跨越式发展时，必须十分注意制度和体制因素。按照新制度经济学的观点，制度的主要目标是增大信息流，降低交易成本，实现资源的优化配置。这一点已经从浙江城镇化实践中得到很好的证实。忽视制度和体制的重要性，会给城镇化

带来极大的危害。中西部许多地区长期以来忽视对基本制度和体制框架的"软"投资，一味突出只能带来短期增长效应的"硬"投资。结果，在旧的框架下，市场经济特有的激励机制得不到充分发挥，城镇化发展因而陷入低水平彷徨陷阱。

3. 全球经济一体化趋势不断加强，资本、技术的跨区域、跨国界流动，使城镇化赶超式、跨越式发展成为可能

一方面，经济一体化趋势的不断加强，促使全国、全世界技术贸易迅速发展，使落后地区有更多的机会分享世界科技经济国际化的成果。另一方面，经济一体化的发展促使全国、全球范围内的产业转移和资源流动加速，推动国际之间、国内区域之间的分工由产业间、国家间、区域间向产业内、行业内方向发展，水平分工更趋普遍化、网络化，各国和地区成为商品生产链条中的一个或一部分环节。在这种情况下，落后地区在城镇化过程中，就能充分利用发达国家通过全球化进行产业结构调整的契机，积极吸引外资、技术，把具有比较优势的产业和行业纳入了国际分工体系之中，使城镇化动力机制获得更大的发展空间。

4. 充足而又具有较高素质的劳动力供应是城镇化赶超式、跨越式发展的重要条件

劳动力的充足供应，不仅可以使落后地区以较低的劳动力成本参与国际竞争，而且是吸引资本参与城镇化、现代化建设的重要条件。同时，高素质劳动力可以使先进技术的引进、消化和吸收顺利得以完成，并使城镇化产业模仿创新与率先创新成为可能。因此，落后地区用科学技术武装劳动力，实现人力资源高效开发与利用，是农村城镇化动力机制跨越式发展得以实现的重要条件。

5. 巨大的市场潜力是城镇化赶超式、跨越式发展的重要吸引力

市场扩张是城镇化动力机制发展的前提条件，落后国家和地

区要想实现赶超式、跨越式发展，必须对传统产业和部门进行改造，建设一些新兴的产业和部门，通过新兴产业和部门的发展来带动城镇化的起飞。但是一个产业和部门的发展，更重要的是取决于该产业和部门的产品是否拥有市场或市场潜力，如果拥有巨大的市场潜力，那么将会为城镇化的赶超式、跨越式发展奠定坚实的基础。赶超式、跨越式发展还要盯住市场前沿需求的最新变化即消费模式的转化，没有需求的跨越，供给的赶超式增长是不可能的。所以，城镇化的赶超式、跨越式发展应以开辟和培养新市场、创造新需求为己任。

二 湖北农村城镇化动力机制赶超浙江的应然起点

要全面理解湖北农村城镇化动力机制赶超浙江的应然起点，我们必须首先知道这种应然起点的内生逻辑。这种应然起点表明，湖北作为中西部地区的龙头老大，农村城镇化动力机制赶超东部浙江具有内生的应然性，而且这种应然性由湖北本身的经济地位、区位优势、社会结构等多方面因素所决定，这一应然起点在其他地区没有，浙江也没有，它只内生地存在于湖北的肌体之中。正是这种应然起点，决定了湖北在中西部地区率先赶超浙江具有不可阻挡的趋势。湖北农村城镇化动力机制赶超浙江的应然起点突出表现在以下几个方面：

1. 区位上的应然起点

湖北省区位优势明显，打开中国地图，湖北坐拥龙骨，省会武汉更是九省通衢，是中部最大的综合交通通信枢纽，因而，武汉被国内经济学家誉之"中国经济地理的心脏"，是我国已经形成的以东部沿海地区、长江经济带、西部地区 H 型经济发展格局的战略中心，历来是海内外客商抢占华中市场的必争之地。从整体地位看，湖北东邻安徽，南界江西、湖南，西连重庆，西北与陕西接壤，北与河南毗邻。中南部是江汉平原，地势平坦，土地肥沃，素称"鱼米之乡"，在全国经济发展中占有重要地位。

从交通设施看，武汉、襄樊已成为重要的铁路枢纽，武汉是长江、汉江的交汇处，有京九、京广等铁路纵贯南北，有襄渝等铁路横贯东西，还有京珠、沪蓉等高速公路纵横交错。在武汉四周1200公里范围内，拥有近10亿人口和70多个大中城市，并可以实现"隔夜运输"。长江横贯全省，使湖北与沿江省、市紧密相连。国家西部开发大通道的沪蓉、银武高速公路和四通八达的公路网使湖北成为西部大开发的"桥头堡"。全省依托逐步建成的高速公路和长江水道，以武汉为枢纽的高速客运网络基本形成，省内10个地级市之间已实现4小时到达；武汉到上海、南京、重庆、郑州等大城市实现了朝发夕至；农村客运也有了很大发展。湖北省水资源十分丰富，全省航道通畅、港口众多，具有得天独厚的航运优势。

2. 资源上的应然起点

从科教资源看，湖北是全国著名的科教高地，这里高校云集，科研院所林立，人才济济。目前全省已有普通高等学校61所，其中部委所属学校8所，全省高校现有专任教师3万人，其中正副教授8000余名，中国科学院院士和中国工程院院士35名。武汉是全国第三大教育中心，第二大智力密集区。湖北高等教育专业门类齐全，共有本、专科专业814个，硕士学位点635个，博士学位点217个，博士后流动站36个。湖北高校拥有各类实验室1800多个，其中华中科技大学的激光、燃烧、模具，武汉大学的软件、大地遥感，武汉理工大学的复合材料，华中农业大学的遗传育种等7个实验室被列为国家级重点实验室；全省高校实验仪器设备价值24亿元，实验实训用房165万平方米；高校图书馆藏书3772万册。随着科技的进步，湖北高校还设置

了 100 多个新兴、交叉、边缘及综合性的高新技术学科和专业，
生物工程、信息科学、能源、激光、微电子、材料学等学科领域
在全国已具有一定的优势。湖北高校科技实力雄厚，有较强的研
究开发能力。全省高校共有独立的科研机构 443 个。湖北高校还
与地区和厂矿企业建立了 200 多个联合体。此外，高等学校云集
的武汉东湖地区，是国家批准的高新技术开发区，这里的科技人
员密度居全国前列。目前由高校兴办的几十家高新技术企业，在
推动科技进步方面发挥了重要作用。

　　从自然资源看，湖北山水资源丰富，人均土地面积高于全国
平均水平，且土地资源开发的潜力较大。湖北物产丰富，生物品
种齐全，全省动物资源达 700 多种，约占全国动物种类的四分之
一。神农架为我国中部最大的原始森林，被誉为"华中林海"、
"天然动植物园"。矿产资源全省已发现矿产 136 种，其中已探
明储量的 88 种。在已探明的矿产中，磷、金红石、硅灰石、榴
子石、累托石粘土等探明储量居全国首位。水能是湖北能源资源
的突出优势。省内众多河流源出边缘山地，成向心状长江、汉江
流，水流急，落差大，可开发的水能装机容量 3308 万千瓦以上，
居全国第四位。

　　从人力资源看，湖北居民已经基本普及了九年义务教育，劳
动力素质得到了极大提高，同时也具有劳动力资源比较丰富、价
格低廉的比较优势。而包括浙江在内的东部发达地区资本充足，
技术先进，但劳动力价格昂贵问题越来越突出，相当多的地区还
出现了"民工荒"问题，因而，这些地区一般不适合发展劳动
密集型产业。这就给湖北等地区留下了一个拥有优势的产业发展
空间，使湖北的人口压力反而转化为人口优势。湖北可以发挥人
力资源的比较优势，先主要发展劳动密集型产业，积累资本，然
后再进行产业升级，提高经济发展水平。

3. 制度上的应然起点

在新制度经济学看来，一切落后最终都是制度的落后，制度安排的优劣决定国家或地区间竞争的命运，因此，后发展地区要想赶超先进，就只有从改进自己的制度开始。而从制度改进的方式看，后发地区大致有两种方式可供采用，一是制度模仿，二是制度习创。制度模仿是指后发地区在改进自己的制度时，根据自己的偏好，认准一个先进地区的制度加以移植、照搬照套。制度习创，则是指后发地区在学习借鉴先进地区制度经验的基础上，创建出新的、更优越的制度。制度习创强调在把握其他地区先进制度经验的前提下，通过广泛搜集各个先进地区的制度经验，比较分析它们的优劣短长，再结合本地区实际，整合出一套不同于其中任何一种制度的制度体系。也就是说，在借鉴的基础上另辟蹊径创造出一套富有新意的制度体系。两种方法相比较，制度模仿的保险系数较大，简单省事易行，但这种跟进式的制度模仿永远落后于他人一步，最多只能逐渐缩小与先进地区的制度差距。而制度习创则恰恰相反。它的优点是能在制度安排上一举反超先进地区，但要花更多的工夫，耗费更多的脑筋，有时甚至要付较大的试错成本。对湖北等后发地区来说，这两种互有利弊的方法实际上并不相互排斥，而是提供了两种可供选择的方案。湖北等后发地区在没有发现具有制度创新可能的时候和地方，不妨就采用制度模仿法，而在存在制度创新可能且有较大成功把握的时候和地方，则可以选择制度习创法。因此，不能不说湖北城镇化制度创新存在比浙江当初起飞时期更为有利的后发优势。

从政府对于湖北农村城镇化建设的制度供给看，国家从落实科学发展观、统筹区域发展的战略高度，把"促进中部地区崛起"提升为国家战略，而在中部6省中，国家对湖北给予的支持力度最大、寄予的厚望最多。由于历史形成的原因，以及改革20多年来的发展，湖北的城市化水平与战略地位远远高于中部其他省份，特别是以武汉为中心，包括黄石、鄂州、孝感、黄冈、咸宁、仙桃、潜江、天门等 8 个中小城市在内的"1+8"武汉城市圈，以宜昌、襄樊为副中心的城市化格局已经全面展开，同时，宜荆（州）荆（门）、襄十随城市群和恩施山区也在加快发展，对湖北农村城镇化无疑具有巨大的推动作用。尤为值得自豪的是，武汉城市圈已经成为长江中下游最大、最密集的城市群，中部其他省份相继建立的以郑州、长沙、南昌、合肥和太原为核心的五大城市群，其实力、结构、潜力都无法与武汉城市圈相提并论。以2004 年为例，武汉城市圈的 GDP 是其他城市圈的 2—4 倍左右；第三产业增加值是其他城市圈的 1.6—3.8 倍，同时在发展潜力、综合竞争力等方面，武汉城市圈都具有较为明显的优势。所有这些都为湖北农村城镇化提供了前所未有的发展机遇。

第三节　基于金字塔模型的湖北农村城镇化动力机制赶超战略

　　农村城镇化战略是一项涉及经济、社会、伦理、制度等多方面因素的复杂的社会系统工程，受到一系列主客观条件的约束，而这些条件本身的进展不可能是一蹴而就的，而应是一个循序渐进的过程。因此，在笔者看来，湖北农村城镇化动力机制的跨越式、赶超式增长，并不否认动力机制本身存在一种逐级上升的客观趋势，也就是说，城镇化动力机制应当是一个连续过程。这样，我们就可以从系统学的角度出发，利用金字塔模型，将农村城镇化动力机制划分为三个不同层级，如图 7-3 所示。

　　运用系统动力学的原理，我们可以将农村城镇化动力机制分解为经济动力、结构动力、伦理动力、资源动力、制度动力等，这样我们就可以对各个层级的动力机制进行比较明确的解释与说明。

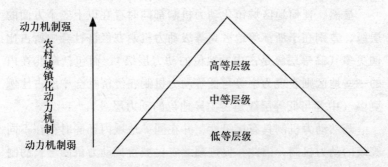

图 7 - 3　农村城镇化动力机制演进层级

在农村城镇化动力机制的高等层级，民营经济异常活跃，并占经济生活的绝大部分，是农村城镇化的活水源头；第三产业在经济结构中占主体地位；居民竞争意识、创业意识强烈；自然资源利用少，并能得到合理保护；人力资源是城镇化的主要源泉。

在农村城镇化动力机制的中等层级，民营经济比较弱小，还处于萌芽状态；第二产业在经济结构中占主体地位；居民有一定的竞争意识，但多倾向于打工，创业意识不强；自然资源是城镇化的资源动力，但得不到合理保护，相反，人力资源开发不够。

在农村城镇化动力机制的低等层级，民营经济十分薄弱；产业结构以农业为主；居民竞争意识差，"等、靠、要"意识强；在城镇化资源动力上，以"靠山吃山、靠水吃水"为主，资源经常遭到破坏性开采。

在农村城镇化经济动力、结构动力、伦理动力、资源动力、制度动力中，制度动力是核心动力。湖北欲实现农村城镇化动力机制赶超浙江，应以制度创新为基础，通过制度动力使民营经济活跃,使第三产业发展,使居民竞争意识增强,使人力资源得以开发,从而带动经济动力、结构动力、伦理动力、资源动力等水平层次提高。

显然,任何地区城镇化动力机制都同时存在以上三个方面的层级,差别在于浙江等地区高等级动力机制在经济社会中所占比例更多(高等层级是占主导地位的动力层级),而包括湖北在内的一些地区则表现为中等与低等动力机制在经济社会中所占比例更多(中等与低等层级是占主导地位的动力层级)。

既然动力机制具有层级性,并在同一地域内部同时存在不同等级的动力机制,因此,促进湖北农村城镇化动力机制增长的制度供给理应具有层次性与针对性。

1. 农村城镇化动力机制从低等层级上升为中等层级的制度安排

在湖北,相当多的地区还十分封闭,农民的传统恋土意识依然十分强烈,许多农民受传统乡土社会的影响,视土地为命根子,安土重迁、叶落归根的思想根深蒂固。这使得农村城镇化动力机制非常弱小。政府制度供给的主要任务是促进这部分保守的农民勇敢地外出打工,通过打工既改变自身的经济状况,又通过"干中学"的方式优化农民的思维结构,强化农民的商品意识与竞争意识。因此,在这些地区应全面实行农村九年义务教育,提高农民文化程度;构建农村职业教育体系,加大政府对农民职业教育的扶持力度,免费对农村居民进行职业技能培训,以提高农民外出务工的竞争力;采取"扶上马、送一程"的策略,通过信息化管理,重点搜集农民工用工信息,减少农民职业搜寻成本,并使农民能以集群的方式外出,形成外出务工上的规模经济。如图7-4所示,鼓励农民工外出务工,并开阔他们的眼界,增长他们的能力是农村城镇化动力机制由低等层级上升为中等层级的主要途径。

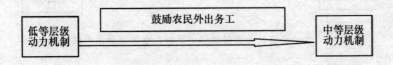

图 7 – 4　农村城镇化低等层级动力机制向中等层级动力机制演进

2. 农村城镇化动力机制从中等层级上升为高等层级的制度安排

打工是创业的"孵化器"，也是农村城镇化的发动机。打工经历和打工积累对成功创业与农村城镇化具有重要影响作用：其一，打工过程促进了人力资本的提高。其二，打工积累为创业提供技术、信息市场，一些人利用多年打工机会，还学习到了关键技术。其三，打工使农民实现了创业资金的原始积累，打工时的资本积累为创业提供了启动资金。湖北一些地区的农民在多年的打工过程中，已经为农村城镇化预备了优良的潜在动力。但很多返乡农民工根本就没有用他们在城市中所学到的技术和管理经验来推动农村城镇化，所赚资金也大多用作盖房或作其他消费性支出。因此，为积极鼓励、引导和支持有积累的农民投资兴业，应力求一个务实的创业政策，以积极态度切实帮助打工农民回乡兴办企业，帮助他们解决土地使用、电力供应、工商登记、资金信贷以及税收等方面的问题，并及时推出优惠政策。另一方面，应创造一个宽松的创业环境，积极寻求体制上的创新与突破，努力为回乡创业者提供各种便捷的服务；多方拓展创业融资渠道；形成社会诚信、公平、竞争的发展环境。如图 7 – 5 所示。

图7-5 农村城镇化中等层级动力机制向高等层级动力机制演进

3. 农村城镇化动力机制高等层级巩固与升华的制度安排

湖北一些地区的农村城镇化动力机制已经初步具备了高等层级动力机制形态，比如湖北仙桃的农村城镇化正呈现出勃勃生机。应因地制宜，形成产业集群，通过产业集群的优势来促进经济与城镇化的同步发展。改变过去传统的城镇化发展思路，通过成建制招商引资、成规模发展几个特色产业的方法，形成"一镇一品、一镇一业"的格局。另一方面，应走"引进来、走出去"的国际化道路。具体而言，通过从国际上引进产品、技术、管理经验等提升城镇经济的整体技术水平和竞争能力，获得持续发展的动力，实现"引进来"国际化。同时，通过出口产品、对外直接投资、承包国际工程项目等方式实现城镇经济嵌入国际供应链，实现城镇经济的"走出去"国际化。如图7-6所示。

图7-6 农村城镇化高等层级动力机制巩固与升华

总的说来，湖北农村城镇化动力机制中，高等层级动力机制还较少，主要以中等层级和低等层级为主，因此，湖北要实现农村城镇化对浙江的赶超，还任重道远。但中部崛起的号角已经吹响，农村城镇化赶超战略的大船就要起航，湖北作为中部崛起的龙头，必将以前所未有的创业热情，完成历史赋予它的崇高使命。

参 考 文 献

1. 陈文科：《陈文科选集》，山西经济出版社 2000 年版。

2. 严正：《中国城市发展问题报告》，中国发展出版社 2004 年版。

3. 李树琮：《中国城镇化与小城镇发展》，中国财政经济出版社 2002 年版。

4. 樊胜根、张林秀、张晓波：《经济增长、地区差距与贫困：中国农村公共投资研究》，中国农业出版社 2002 年版。

5. 陆懋祖：《高等时间序列经济计量学》，上海人民出版社 1999 年版。

6. 汉密尔顿：《时间序列分析》，中国社会科学出版社 1999 年版。

7. 阿瑟·刘易斯：《二元经济论》，北京经济学院出版社 1989 年版。

8. 王少平：《宏观计量的若干前沿理论与应用》，南开大学出版社 2003 年版。

9. 邓聚龙：《灰色预测与决策》，华中理工大学出版社 1992 年版。

10. 费梅苹：《社会保障概论》，华东理工大学出版社 2003 年版。

11. M. 列维：《现代化的后来者与幸存者》，知识出版社 1988

年版。

12. 谢立中、孙立平：《二十世纪西方现代化理论文选》，上海三
    联书店 2002 年版。

13. J. M. 伍德里奇：《计量经济学导论》，中国人民大学出版社
    2003 年版。

14. 辜胜阻、成德宁：《农村城镇化的战略意义与战略选择》，
    《中国人口科学》1999 年第 3 期。

15. 辜胜阻、李正友：《中国自下而上城镇化的制度分析》，《中
    国社会科学》1998 年第 2 期。

16. 辜胜阻、李永周：《我国农村城镇化的战略方向》，《中国农
    村经济》2000 年第 6 期。

17. 何训坤：《积极推进农村城镇化与农业产业化的协同发展》，
    《农业技术经济》2002 年第 3 期。

18. 刘学忠：《我国乡村城镇化的必然性、现实问题和对策》，
    《经济问题》1999 年第 5 期。

19. 陈柳钦：《推进农村城镇化，加快其剩余劳动力转移步伐》，
    《山东工商学院学报》2003 年第 8 期。

20. 吴志军：《农村城镇化是提升农业竞争力的重要途径》，《生
    产力研究》2005 年第 2 期。

21. 蒲清泉、杨梅枝：《农村城镇化是实现我国农业现代化的关
    键》，《当代思潮》2004 年第 2 期。

22. 匡小明：《农业产业化与农村城镇化联动——农村改革和发
    展的新飞跃》，《农业现代化研究》1999 年第 3 期。

23. 成德宁：《城镇化的效应分析与发展思路》，《南都学坛》
    2003 年第 2 期。

24. 吴元波：《中国农村城镇化系统运行机制分析》，《长安大学
    学报》（社会科学版）2003 年第 9 期。

25. 褚素萍：《我国农村城镇化发展及其动力机制分析》，《农业经济》2005 年第 5 期。

26. 孙中和：《中国城市化基本内涵与动力机制研究》，《财经问题研究》2001 年第 11 期。

27. 王信东、赵安顺：《试析农村城镇化的动力机制》，《工业技术经济》2000 年第 6 期。

28. 周达、沈建芬：《农村城镇化动力结构的统计研究》，《统计研究》2004 年第 2 期。

29. 傅小锋：《青藏高原城镇化及其动力机制分析》，《自然资源学报》2000 年第 10 期。

30. 谭雪兰：《长春市农村城镇化的动力机制》，《资源开发与市场》2005 年第 21 期。

31. 周晓东：《重庆市城镇化的动力机制研究》，《重庆交通学院学报》（社会科学版）2004 年第 3 期。

32. 徐军宏、郝婷：《西部地区农村城市化的动力机制分析》，《西安联合大学学报》2004 年第 1 期。

33. 陈美球：《小城镇道路是我国城镇化进程中必不可少的重要途径》，《中国农村经济》2003 年第 1 期。

34. 肖万春：《农村城镇化进程中的产业结构聚集效应》，《经济学家》2003 年第 2 期。

35. 秦尊文：《小城镇道路：中国城市化的妄想症》，《中国农村经济》2001 年第 12 期。

36. 张仁寿：《依靠民间与市场力量推动的城镇化：温州的经验》，《中国农村经济》1999 年第 1 期。

37. 朱康对：《工业化、城市化进程中交错产业群落的演进》，《中国农村经济》2003 年第 5 期。

38. 黄焕文：《温州：以专业市场为基础的专业镇》，《学习与探索》2005 年第 1 期。

39. 郑胜利、周丽群：《论我国内生式集群经济的形成机理——以浙江省为例》，《重庆社会科学》2004 年第 2 期。

40. 张佑林、陈朝霞：《区域文化精神与区域经济发展的理性思考》，《浙江社会科学》2005 年第 3 期。

41. 朱康对：《来自底层的革命——从龙港农民城看温州模式城市化中的市民社会成长》，《战略与管理》2003 年第 6 期。

42. 梅建明：《湖北省乡镇企业与江苏省、浙江省乡镇企业发展的差距、原因及政策建议》，《经济研究参考》2004 年第 56 期。

43. 郑长德、刘晓鹰：《中国农村城镇化与工业化关系的实证分析》，《西南民族大学学报》（人文社会科学版）2004 年第 4 期。

44. 陈可、顾乃华：《城镇化与产业协调发展的辩证思考》，《南方经济》2002 年第 4 期。

45. 徐剑锋：《中小城市的爆炸性发展——以浙江省义乌市为例》，《城市发展研究》2003 年第 3 期。

46. 杨贞：《经济发展与农村城镇化的相关关系分析》，《河南农业大学学报》2005 年第 3 期。

47. 朱其忠：《民族地区实现经济跨越式发展的博弈思考》，《新疆财经》2003 年第 3 期。

48. 陈鸿彬：《蜂窝原理对提高农村城镇化质量的启示》，《农业经济问题》2006 年第 2 期。

49. 樊新生、覃成林：《我国欠发达地区企业集群形成与演化过程初步分析》，《经济地理》2005 年第 3 期。

50. 王今：《产业聚集的识别理论与方法研究》，《经济地理》2005 年第 1 期。

51. 张继军、蒋国洲、李寿文：《海南农村城镇化动力因子的实证分析》，《海南大学学报》（人文社会科学版）2004 年第 4 期。

52. 姜爱林：《城镇化与工业化互动关系研究》，《财贸研究》2004 年第 3 期。

53. 周达、沈建芬：《农村城镇化动力结构的统计研究》，《统计研究》2004 年第 2 期。

54. 沈建芬、刘葆金：《农村城镇化水平区域差异的实证分析》，《南京农业大学学报》（社会科学版）2003 年第 3 期。

55. 熊吉峰：《我国农村居民消费结构阶段性演变的灰色动态关联分析》，《消费经济》2005 年第 3 期。

56. 高强：《影响城镇化发展的因素探析》，《经济与管理研究》2005 年第 2 期。

57. 何忠伟：《农村城镇化与农业结构调整协调发展的实证研究——以湖南省为例》，《农业经济问题》2004 年第 11 期。

58. 安素霞、张洪君：《我国农村城镇化的必要性及发展策略分析》，《人口学刊》2004 年第 4 期。

59. 徐维祥、唐根年：《基于产业集群成长的浙江省农村劳动力转移实证研究》，《中国农村经济》2004 年第 6 期。

60. 孙涛：《我国农村城镇化影响因素分析》，《农业经济问题》2004 年第 6 期。

61. 朱宏泉、卢祖帝、汪寿阳：《中国股市的 Granger 因果关系分析》，《管理科学学报》2001 年第 10 期。

62. 王凯涛、胡四修：《深圳股票市场与基金市场互动关系的计量分析》，《湖北大学学报》2003 年第 3 期。

63. 李岳云、陈勇、孙林：《城乡统筹及其评价方法》，《农业技术经济》2004 年第 1 期。

64. 孙林、李岳云：《南京城乡统筹发展及其与其他城市的比较》，《农业现代化研究》2004 年第 7 期。

65. 刘志澄：《统筹城乡发展壮大县域经济》，《农业经济问题》2004 年第 2 期。

66. 姚耀军：《金融发展与城乡收入差距关系的经验分析》，《财经研究》2005 年第 2 期。

67. 徐现祥、舒元：《协调发展：一个新的分析框架》，《管理世界》2005 年第 5 期。

68. 刘国光：《研究宏观经济形势要关注收入分配问题》，《经济学动态》2003 年第 5 期。

69. 翟虎渠：《新阶段农民增收与提高农产品竞争力的若干建议》，《农业经济问题》2003 年第 1 期。

70. 林毅夫：《"三农"问题与我国农村的未来发展》，《农业经济问题》2003 年第 1 期。

71. 陶然、刘明兴、章奇：《农民负担、政府管制与财政体制改革》，《经济研究》2003 年第 4 期。

72. 马晓河：《解决"三农"问题的战略思路与政策措施》，《农业经济问题》2003 年第 2 期。

73. 姚勇、董利：《中国城镇居民消费需求分析》，《统计研究》2003 年第 4 期。

74. 李焕彰、钱忠好：《财政支农政策与中国农业增长：因果与结构分析》，《中国农村经济》2004 年第 8 期。

75. 朱晶：《农业公共投资、竞争力与粮食安全》，《经济研究》2002 年第 1 期。

76. 马九杰等：《县域中小企业信贷约束及源自信贷供给行为的影响》，《农业经济问题》2004 年第 7 期。

77. 冯兴元、何梦笔、何广文：《试论中国农村金融的多元化》，

《中国农村观察》2004 年第 5 期。

78. 邵农:《"三农"问题的根本出路》,《经济学家》2003 年第 3 期。

79. 林健、范佳凤:《民营经济的成本优势是否面临终结》,《经济体制改革》2004 年第 5 期。

80. 吴一平:《集体主义、乡镇企业与农村工业化》,《财经科学》2005 年第 2 期。

81. 王彦武:《发展县域经济的分析与思考》,《江汉论坛》2004 年第 8 期。

82. 蔡则祥:《县域经济发展与农村金融服务体系重塑》,《江苏社会科学》2004 年第 5 期。

83. 靖继鹏等:《县域经济主导产业的选择及产业发展模式》,《经济纵横》2004 年第 5 期。

84. 罗来武、刘玉平:《从"机构观"到"功能观":中国农村金融制度创新的路径选择》,《中国农村经济》2004 年第 8 期。

85. 杨继瑞、胡碧玉:《以城镇化缩小城乡收入差距的思考》,《经济纵横》2005 年第 2 期。

86. 陈柳钦、徐强:《促进农业产业化与农村城镇化的协调发展》,《学习论坛》2005 年第 2 期。

87. 陈先运:《县域民营企业融资难问题研究》,《中国软科学》2005 年第 2 期。

88. 翟书斌:《中国农村新型工业化及其路径选择》,《农业现代化研究》2005 年第 1 期。

89. 李实:《中国个人收入分配研究回顾与展望》,《经济学》(季刊)2003 年第 2 卷第 2 期。

90. 章奇等:《中国金融中介与城乡收入差距》,《中国金融学》

2004 年第 1 期。

91. 陆铭、陈钊:《城市化、城市倾向的经济政策与城乡收入差距》,《经济研究》2004 年第 6 期。

92. 蔡继明:《中国城乡比较生产力与相对收入差别》,《经济研究》1998 年第 1 期。

93. Franklin Allen、钱军、钱美君:《中国金融制度与国际金融体系比较研究》,《中国金融学》2003 年第 1 期。

94. 王志强、孙刚:《中国金融发展规模、结构、效率与经济增长关系的经验分析》,《管理世界》2003 年第 7 期。

95. 李广众、陈平:《金融中介发展与经济增长:多变量 VAR 系统研究》,《管理世界》2002 年第 3 期。

96. D. A. Aschauer, 1989, "Is Public Expenditure Productive?" *Journal of Monetary Economics*, 23, 177—202.

97. R. J. Barro, 1990, "Government Spending in a Simple Model of Endogenous Growth", *Journal of Political Economy*, 98, 103—105.

98. K. Grier Tullock, 1987, "An Empirical Analysis of Cross-National Economics Growth, 1951—1980", *Journal of Monetary Economics*, 24, 182—190.

99. J. Antle, 1983, "Infrastructure and Aggregate Agricultural Productivity: International Evidence", *Economic Development and Culture American Economic Review*, 33, 609—619.

100. H. Binswanger, S. Khandker and M. R. Rosenzwei, 1986, "Behavioral and Material Determinants of Production Relations in Agriculture", *Journal of Development Studies*, 22, 503—539.

101. Tiebout Charles, 1956, "A Pure Theory of Local Expenditure", *Journal of Political Economy*, 44, 416—424.

102. H. P. Binswanger, 1995, "Power, Distortions, Revolt and Reform in Agricultural Relations", In Jere Behrman and T. N. Srinivasan, eds. , *Handbooks of Development Economics*, Chapter 42, Vol. Ⅲ. Amsterdam: Sevier Science B. V.

103. M. Cain, 1981, "Risk and Insurance: Perspectives on Fertility and Agrarian Change in India and Bangladesh", *Population and Development Review*, 7: 435—474.

104. J. K. Kung, 1994, "Egalitarianism, Subsistence Provision and Work Incentive in China's Agricultural Collectives", *World Development*, 22, 175—188.

致　谢

学术的动力来源于时代的感召，当城市化迈着咚咚的脚步声向我们走来的时候，我们既为举国一致的城镇化飞速发展而感到喜悦，也为城镇化越来越大的区域差距深感不安。为了探求中部地区与先进地区农村城镇化差距成因，我立足于中部的角度，特地选择湖北与浙江这两个在中部与东部地区都有较强代表性的省份，从城镇化动力机制方面进行研究，以期为中部农村城镇化实现跨越式发展进行一个较为粗浅的理论探索。

在论文的写作过程中，我有幸得到了武汉科技大学管理学院潘开灵教授、查俊峰书记、左相国教授、陈涛教授、顾志明教授、李永周教授等多位老师在不同侧面的关怀。在此，我要向他们表达我诚挚的谢意！

我的博士生导师陈文科研究员多年来对我关怀备至，从本书的构思、写作到最终出版，他都倾注了大量心血。任何语言的描述都不足以反映我这些年来对导师的敬意，只有在今后的学术生涯中更加勤奋地学习与工作，才是对他最好的报答！

感谢我的家人，母亲周友香女士几十年来含辛茹苦，近年来身体状况大不如前，而我却无以为报，每思至此，我都感到殊深惭愧。妻子王同湘女士在物质与精神上为我提供了双重支持，女儿熊小青学习上要求上进，常常使我在学问的辛劳中品尝到为人之父的喜悦。所有这些，也算是一个学者学术的动力源泉。

　　最后，感谢湖北产业政策与管理研究中心开发基金和武汉科技大学博士启动基金的资助。

熊吉峰
谨识
2007 年 9 月